중학교

인성 ❷

윤문원 지음

씽크파워
THINK POWER

구성

3장으로 구성하여 1장은 주요 인성덕목(절제, 인격)이며, 2장은 인성교육진흥법에서 명시하고 있는 8대 인성덕목(예(禮), 효(孝), 정직, 책임, 존중, 배려, 소통, 협동)이며 3장은 예방 교육(학교폭력 예방, 자살 예방)입니다.

교과목과 연계

인성을 별도의 내용이 아니라 도덕, 사회, 국어 등 교과목과 연계하였습니다.

학습 목표

각 인성덕목에서 익혀야 할 주요 주제를 제시하였습니다.

스토리텔링

자칫 딱딱하기 쉬운 인성교육 내용을 재미있는 이야기를 통해 습득할 수 있습니다. 특히 많은 위인들의 이야기를 실어 이들의 삶을 본받을 수 있도록 하였습니다.

삽화, 사진, 명화

내용을 이해하기 쉽도록 삽화와 사진, 명화를 풍부하게 실었습니다.

명언

내용에 걸맞은 위인들의 명언을 통해 쉽게 이해할 수 있습니다. 아울러 명언을 한 인물을 소개하였습니다.

영화 읽기

해당 인성덕목과 관련 있는 주제의 영화 이야기를 실어 흥미를 느낄 수 있습니다.

편지

인성덕목을 익히게 함에 있어서 주입식이 아니라 대화 형식의 서간체 편지를 실었습니다.

시

해당 인성덕목의 내용을 나타내는 시를 실었습니다.

읽기 자료

해당 인성덕목과 관련 있는 내용의 읽기 자료를 첨부하였습니다.

실천하기

해당 인성덕목을 실천하는 방법을 열거하였습니다.

정리하기

각 인성덕목의 주요 내용을 요약하여 정리하였습니다.

확인하기

각 인성덕목의 내용을 문제를 통해 익힐 수 있습니다.

올바른 인성을 익히는 것은 인격과 직결되는 일이므로 매우 중요합니다. 이 책이 좋은 인성을 형성하는 데 도움이 되기를 바랍니다.

차례

PART 03 예방 교육

01

주요 인성덕목

1 절제

📖 학습목표 • 절제의 의미를 이해하고 설명할 수 있다.
• 절제를 발휘하고 실천하는 방법을 열거할 수 있다.

✈ 절제의 의미

절제는 자신의 감정이나 욕망을 스스로 억제하는 것이며 굴복하지 않고 단호히 버텨낼 힘을 제공하는 다른 형태의 용기이다. 신중하고 분별 있는 의지를 단련시켜 절제를 발휘해야 한다.

아돌프 히틀러(Adolf Hitler, 1889~1945)
독일의 나치 지도자이자 정치가. 1939년 9월 폴란드를 침공함으로써 제2차 세계 대전을 일으켰음. 가혹한 점령 정책과 유대인에 대한 반인륜적인 범죄를 저질렀음. 결국, 연합군에 패망했고, 1945년 4월 30일 음독자살했음

🎙 히틀러의 절제력 부족

• 히틀러의 절제력 부족으로 말미암은 결과는 어떻게 되었을까?

히틀러가 제2차 세계 대전 때 패망한 근본적인 원인은 절제력 부족 때문이었다. 그는 예리한 판단력과 통찰력으로 카리스마를 가지고 리더십을 발휘했지만, 마음을 다스리지 못하고 기분 나쁜 일이 있으면 화를 내고 좌충우돌하는 행동을 해서 부하들은 히틀러에게 될 수 있으면 기분 나쁜 사실은 제대로 보고하지 않으려고 했다.

그는 제2차 세계 대전에서 주력 부대를 빼돌려 소련을 침공했는데 이것이 돌이킬 수 없는 실수가 되었다. 연합군이 노르망디 상륙작전을 개시했을 때에 히틀러는 깊은 잠에 빠져 있었다. 평소 그는 부관에게 잠을 자는 동안에는 깨우지 말라고 명령했기 때문에 부관은 매우 급한 상황인데도 불구하고 연합군의 상륙 작전을 보고할 수 없었다.

히틀러가 잠을 자고 일어났을 때는 이미 연합군이 노르망디에 완전히 상륙해 진지를 구축한 뒤였으며 결국 독일은 패망하게 되었다. 평소 부하들에게 보여준 절제력 부족이 패망이라는 결과를 낳은 것이다.

　　인간이 겪는 대부분의 불행은 절제의 부족에서 온다. 꿈을 실현하고 행복으로 가는 지름길은 자신의 마음을 다스리는 데 있다. 마음에 따라 행동이 결정되므로 자신의 마음을 통제할 수 있어야 한다. 절제를 발휘하기 위해서는 내적 성찰에 귀를 기울여야 한다.

　　인간에게는 누구나 다섯 가지의 공통된 마음이 있다. 이익을 보면 달려들고, 미인을 보면 애정을 느끼며, 음식을 보면 탐욕을 내고, 안일을 보면 몸을 눕히고, 어리석은 사람이나 약자를 보면 속이고자 하는 것은 절제 부족 때문이다. 스스로 제어하고 조절해야 하며 그렇지 않으면 남에게 욕을 먹거나 낭패를 당한다.

　　인간은 전후를 살피는 존재로 절제는 동물과 차별되는 덕목 가운데 하나이다. 동물보다 나은 존재가 되려면 본능적 충동에 저항해야 한다. 절제를 잃으면 인간은 정신적 자유를 상실하게 된다. 세상의 흐름에 휩쓸려 다니게 되고 욕망의 노예가 되어 유혹을 뿌리치지 못하고 무릎을 꿇는다. 명예롭고 평화롭게 인생을 살고 싶다면 절제해야 한다.

🛩 절제 발휘

🎤 정조 대왕의 절제

• 정조 대왕은 어떻게 절제력을 발휘했을까?

정조 대왕(1752~1800)
조선 22대 왕(재위 1777~1800). 왕권 강화와 탕평책으로 인재 육성, 신분 차별 철폐에 앞장서 조선 역사상 가장 뛰어난 개혁 군주로 꼽히고 있음.

　　하루는 정조 대왕이 신하들에게 "사람이 하기는 쉬우면서 참기는 어려운 것이 무언지 아느냐?"고 물었다. 신하들이 머뭇거리자 정조 대왕은 "화를 내는 일이다. 화를 낼 때 앞뒤 상황을 살피지 않고 화를 폭발하면 일을 그르치게 된다. 그리고 화가 가라앉은 뒤에는 '왜 그렇게까지 화를 냈지? 화를 내지 말걸.' 하면서 후회하게 된다. 나는 항상

이런 점을 생각하면서 경계하고 있다. 화가 나는 일이 생기면 반드시 화를 가라앉히고 하룻밤을 보낸 뒤에 상황을 잘 살피면서 일을 처리하고 있다. 이는 마음을 다스리면서 정사를 보는 데 큰 도움이 되고 있다."고 했다.

그런 다음에 정조 대왕이 "기쁨, 사랑, 미움, 슬픔, 노여움, 두려움, 욕심 중에 어느 것이 가장 다스리기 어려운가?"라고 묻자, 신하 중 한 명이 "노여움이 가장 어렵습니다."라고 대답하자 정조 대왕은 "그 말이 참으로 맞다. 하지만 욕심을 다스리면 다른 것은 모두 좋은 방향으로 나아갈 수 있으므로 나는 욕심을 다스리는 것이 가장 어렵고 반드시 다스려야 할 것으로 생각한다."라고 하였다.

정조 대왕은 창경궁 춘당대에서 활쏘기를 자주 했다. 41세가 되던 해인 정조 16년(1792) 10월, 춘당대에서 10순(50발)을 쏘아 12일에 41발, 17일 32발, 18일 41발, 20일 41발, 22일 46발, 26일 47발, 28일 41발, 29일 45발을 맞혔고 30일에는 49발을 맞혔다. 붉은 칠을 한 과녁의 중심부인 '홍심'에 23발, 그 외의 과녁 부분인 '변'에 26발을 맞혔다.

마지막 오십 번째 화살은 과녁을 벗어나 소나무에 꽂혔다. 신하들이 아쉬워하자 정조 대왕은 "무엇이든 가득 차면 못 쓰는 것이다. 어떤 일이든 만족할 줄 알아야 한다."라고 했다. 완벽한 최고에 도달하려는 욕망을 절제하고 자만에 빠지지 않기 위해 마지막 한 발은 일부러 여백의 미로 남겨둔 것이다.

개인이나 공동체가 절제력을 발휘하지 않는다면 심각한 문제를 일으키며 온갖 종류의 비극이나 불행으로 이어진다.

삶을 영위하면서 정신적인 귀마개를 가지고 다녀야 한다. 쓸데없거나 유혹하는 이야기를 들을 때는 이 정신적인 귀마개를 사용해야 한다. 듣기 싫은 소리를 들었다고 해서 절제하지 못하면 낭패를 당한다. 증오·질투·시기·두려움·원한 등의 파괴적인 감정에 휘말리지 않아야 한다. 흥분하지 않으며, 사물이나 인간에 대해 무절제하게 열광하지 않으며 냉소적인 사람이나 비관적인 사람의 영향을 받지 않아야 한다.

 오스카 와일드 어록

> 자기 자신을 자제하는 사람은 그가 즐거움을 찾아낼 수 있는 만큼 쉽게 슬픔을 이겨낼 수 있다.

오스카 와일드(Oscar Wilde, 1854~1900)
아일랜드 작가. 19세기 말 '예술을 위한 예술'을 주창한 유미주의 운동의 대표자. ≪행복한 왕자≫ ≪도리언 그레이의 초상≫ 등의 저서가 있음.

　절제하는 사람은 자기 기분에 끌려 다니지 않는다. 갖가지 감정들을 한데 모아 놓고 경중을 따져 결정을 내린다. 어떠한 행동이든 행동하기에 앞서 침착하게 결정한다. 절제를 잃지 말고 자기의 마음을 제어할 수 있어야 한다. 절제를 하는 사람은 자제력을 발휘하여 자신을 통제할 수 있다. 절제는 체계적인 훈련과 반복적인 연습으로 성취할 수 있으며 완벽한 절제는 정신 교육을 통해 달성하고자 애써야 한다.

　절제를 발휘하는 사람은 상상력과 정열을 자극하여 행동을 불러일으킨다. 자신의 의지가 그 행동을 지배하는 것이지, 그 행동이 자신을 지배하도록 내버려두지는 않는다. 어떠한 상황에서도 남을 모욕하지 않으며, 어떤 이유로도 원한을 품지 않으며, 다른 사람에게 원한을 사지도 않는다. 자기에게 동의하지 않는 사람을 증오하지 않고 동의하지 않는 이유를 이해하려고 애쓴다.

　이상적인 인간의 요소 가운데 한 가지는 완벽한 절제이다. 충동적이지 않고 균형감각을 유지하고 자기감정을 조절하면서 냉정함과 조심성의 유지와, 잘못된 습관에도 빠지지 않는다. 분수를 넘어서는 탐욕과 이기심과 자만은 절제력의 결여가 초래할 수 있는 가장 위험스런 형태이므로 자신을 철저하게 자제할 줄 알아야 한다.

✈ 절제를 실천하는 방법

● 내 감정을 잘 조절한다.

● 양심에 반하거나 문제를 일으킬 일을 하지 않는다.

● 분노를 자제한다.

● 충동적인 소비를 하지 않는다.

● 다른 사람의 험담을 하지 않는다.

● 유혹에 휩쓸리지 않는다.

절제 명언

- 절제를 발휘하지 못해 자신을 스스로 다스릴 수 없는 사람은 자유로울 수 없다. _피타고라스

- 절제는 육체로 온전한 역할을 하게하고 모든 힘과 생기를 바치게 만든다. _죠셉 애디슨

- 절제와 노동은 가장 훌륭한 두 의사들이다. 노동은 식욕을 돋구고 절제는 지나친 탐닉을 막는다. _장 자크 루소

- 절제는 이성의 허리띠요. 격정의 신부이며, 영혼의 힘이요. 선과 도덕의 기초이다. _제레미 테일러

- 절제는 육체적 경건이다. 그것은 거룩한 명령을 육신에 보존하는 것이다. _데오도 파커

- 오직 절제만이 인생을 아름답게 한다. _독일 격언

- 무엇보다도 가난한 자들로 하여금 그들의 가정에 '절제'라는 단어를 모토로 하게 하라. _호레이스만

- 내가 절제하게 된 데는 네 가지 이유가 있다. 나의 머리가 좀 더 맑고, 나의 건강이 좀 더 좋으며 나의 마음이 좀 더 가볍고 나의 지갑은 좀 더 두툼하기 때문이다. _토마스 구트리

- 아! 너, 절제여! 시샘 없는 행운이로다. 그대는 인생의 보편적인 약으로서 머리를 맑게 하고 피를 깨끗하게 하며 위를 편안하게 하고, 신경에 힘을 주며 소화를 완전케 하는구나. _윌리엄 템플 경

≪명심보감 明心寶鑑≫ 지혜 편

- 남을 무시하지 말라.
- 의심받을 일은 하지 말라.
- 힘으로 남을 이기려 하지 말라.
- 아무리 화가 나도 참아라.
- 남을 해치고자 하면 자신이 먼저 당한다.
- 나를 지나치게 칭찬하는 사람을 조심해라.
- 누구에게나 배울 점이 있다.
- 원수를 만들지 말라.
- 너무 까다롭게 따지지 말라.
- 한쪽 말만 믿어서는 안 된다.
- 남을 욕하는 건 하늘에 침 뱉는 격이다.
- 함부로 남의 말을 하지 말라.
- 남의 말을 쉽게 믿지 말라.
- 말 한 마디로 천 냥 빚을 갚는다.
- 지나치게 욕심을 부리면 걱정이 많다.
- 스스로 자랑하지 말라.
- 뿌린 대로 거둔다.
- 기회를 놓치지 말라.
- 친구를 가려 사귀면 후회가 없다.
- 지혜는 경험에서 얻어진다.
- 자신을 낮출 줄 아는 사람이 되라.
- 너그러운 사람에게 복이 온다.
- 지나친 생각은 정신 건강을 해친다.

≪명심보감 明心寶鑑≫
고려 때 어린이들의 학습을 위하여 중국 고전에 나온 선현들의 금언(金言)·
명구(名句)를 편집하여 만든 책.

편지

절제력을 갖춘 사람

　네가 관통하고 있는 청소년기를 질풍노도의 시기, 피 끓는 시절이라고 흔히 말하지. 신체적으로 정신적으로 많은 변화를 겪으면서 좌충우돌하기 쉬운 시기야. 이 시기를 잘 보내지 않으면 낭패를 당하거나 인생에 커다란 생채기를 내게 되지.

　순간적인 잘못을 저질러 인생에 씻지 못할 멍에를 짊어지고 살아갈 수 있어. 순간적인 잘못에는 어떤 것이 있다는 것을 구체적으로 나열하지 않아도 네가 잘 알 거야. 절제력을 발휘하여 충동이나 분노를 누그러뜨려야 해. 절제력은 자신의 감정이나 욕망을 스스로 억제하는 힘이야. 충동이나 분노에 굴복하지 않고 단호히 버텨내는 다른 형태의 용기이지.

　신중하고 분별 있는 절제가 지혜의 근원이야. 어떠한 상황에서도 남을 모욕하지 않으며, 어떤 이유로도 원한을 품지 않으며, 다른 사람에게 원한을 사지도 않으며, 자기에게 동의하지 않는 사람을 증오하지 않지. 동의하지 않는 이유를 이해하려고 애쓰며, 그렇게 함으로써 이익을 얻어.

　너는 완벽한 절제를 통한 이상적인 인간은 아니더라도 균형감각을 가지고 충동적이지 않아야 해. 감정을 조절하면서 냉정함과 조심성을 유지해야겠지. 탐욕과 이기심과 자만은 절제력의 결여가 초래할 수 있는 위험스런 형태야. 또한 자신감은 꿈을 이루는데 필수 요건이지만, 절제력이 없는 자신감은 아주 위험해. 자칫 자만으로 흘러 낭패를 보기 십상이지. 너는 매사에 절제력을 발휘하여 삼가야 할 때는 삼갈 줄 알아야 해.

　절제력을 갖춘 사람은 자기 기분에 끌려서 의사결정을 하거나 행동을 하지 않아. 갖가지 감정을 한데 모아 놓고 경중을 따져 의사결정을 하지. 또한, 자신의 의지가 그 행동을 지배하도록 하며 그 행동이 자신을 지배하도록 내버려두지도 않아.

　너 자신을 조절하고 통제하여 다스릴 수 있어야 해. 절제는 체계적인 훈련과 반복적인 연습으로 기를 수 있어. 꾸준한 자기 분석과 내적 성찰을 통해 자신을 다스리고 돌보는 훈련을 반복해야겠지. 절제력을 길러 의지를 단련시키고 올바르게 행동해야 해. 너 자신을 스스로 다스리는 자기 경영을 잘해서 미지의 꿈을 꼭 성취하기 바란다.

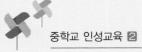

- ◉ 절제는 자신의 감정이나 욕망을 스스로 억제하는 것이다.

- ◉ 절제는 스스로 굴복하지 않고 단호히 버텨낼 힘을 제공하는 다른 형태의 용기이다.

- ◉ 의지를 단련시켜 절제를 발휘해야 한다.

- ◉ 불행은 절제의 부족에서 온다.

- ◉ 행복으로 가는 지름길은 자신의 마음을 다스리는 데 있다.

- ◉ 절제를 잃으면 인간은 정신적 자유를 상실하게 된다.

- ◉ 듣기 싫은 소리를 들었다고 해서 절제하지 못하면 낭패를 당한다.

- ◉ 절제하는 사람은 자기 기분에 끌려 다니지 않는다.

- ◉ 절제를 잃지 말고 자기의 마음을 제어할 수 있어야 한다.

- ◉ 절제를 하는 사람은 자제력을 발휘하여 자신을 통제할 수 있다.

- ◉ 절제는 체계적인 훈련과 반복적인 연습으로 성취할 수 있다.

- ◉ 동의하지 않는 사람을 증오하지 않고 동의하지 않는 이유를 이해하려고 해야 한다.

- ◉ 충동적이지 않고 균형감각을 유지하고 자기감정을 조절해야 한다.

확인하기

1 절제의 의미를 서술하시오.

_____

_____

2 인간이 절제를 잃으면 어떻게 될까요?

_____

_____

3 절제하는 사람은 어떻게 행동하나요?

_____

_____

4 절제를 실천하는 방법을 적어 보세요.

_____

_____

5 절제 명언을 만들어 보세요.

_____

_____

정답 1. 각자 작성 2. 인간이 절제를 잃으면 욕망에 정신적 자유를 상실하게 되고 세상의 흐름에 휩쓸려 다니게 된다
3~5. 각자 작성
환경의 노예가 되어 유혹 등을 뿌리치지 못한다. 3~5. 각자 작성

17

2 인격

🔲 **학습목표** • 인격을 갖춘 사람은 어떤 사람인지 이해할 수 있다.
• 인격의 조건과 갖추기 위한 방법을 설명할 수 있다.

🛩 인격을 갖춘 사람

인성이 궁극적으로 추구하는 목표가 바로 인격이다. 인격은 고결한 재산으로 인간으로서의 존중이며 '참 인간 되기'이다. 인생에서 중요한 것은 지성이나 천재성보다는 인격이다. 인격을 갖춘 사람은 깊이가 있는 사람이다. 겉만 번지르르하고 깊이가 없는 사람은 속이 텅 빈 마네킹과 같다. 내면이 빈 사람은 허세를 부리지만 곧 말문이 막히고 만다. 생각의 샘이 깊이가 없이 얕아서 바닥이 드러나기 때문이다.

물은 그 깊이와 넓이만큼 배를 띄울 수가 있다. 얕은 물 위에는 종이배를 띄우고 호수에는 유람선을 띄우고 넓은 대양에는 큰 선박을 띄운다. 사람도 마찬가지로 내면의 깊이에 따라 품을 수 있는 크기가 달라진다. 내면이 옹달샘 같으면 많은 사람을 품을 수 없지만, 대양 같으면 수많은 사람을 품을 수 있다. 겉모습보다 속이 꽉 찬 내면을 키워야 한다. 깊이를 결정하는 것은 외적 조건이 아니라 당당함, 자부심, 절제력 같은 인성에서 나온다.

인격의 그릇을 키우는 것은 자신에게 달려있다. 사람은 완성된 채로 태어나는 것이 아니다. 날마다 마음을 가다듬고 행동을 신중하게 하면서 조금씩 인격을 완성해 나아가야 한다. 인격을 한 단계 끌어올리려는 노력은 삶에 필수적이며 성실히 노력하여 인 격적인 발전을 이루어야 한다.

 링컨의 관용과 포용력

• 링컨은 어떻게 포용력을 발휘했을까?

미국 남북전쟁 때 북군의 맥클란 장군은 혁혁한 공을 세운 뛰어난 지휘관이었다. 하루는 링컨 대통령이 국방장관을 대동하고 그를 격려 하기 위해 예고 없이 야전사령부를 방문하였다.

링컨은 몇 시간을 기다린 끝에 맥클란을 만났는데 그는 링컨 대통 령에게 의례적인 인사만 하고 자신의 방으로 올라가 버렸다. 곧이어 맥클란의 부관이 내려와 대통령에게 "장군은 지금 너무 피곤해서 잠 자리에 들었습니다. 대통령께 죄송하다고 말씀하셨습니다."라고 말했 다. 국방장관은 화를 참지 못하고 "각하! 이런 무례한 장군은 당장 직 위해제 시켜야 합니다."

그러나 링컨은 고개를 저으며 "지금 맥클란 장군에게 가장 필요한 것은 안전하게 보호 받는 것이오. 저런 소신 있는 장군이 진정 이 나 라를 지킬 것이오. 저 장군의 능력으로 한 시간이라도 이 유혈의 전투 가 단축될 수 있다면 나는 기꺼이 그의 말고삐를 잡아주고 그의 군화 도 닦아줄 것이오"라고 하면서 장관을 타일렀다. 이처럼 링컨은 마음 을 다스리는 절제를 통한 관용과 포용력을 갖춘 높은 인격의 소유자 였다.

에이브러햄 링컨
(Abraham Lincoln,
1809~1865)
미국의 제16대 대통령
(1861~1865). 남북전쟁
에서 승리해 연방제와 민
주주의의 전통을 수호하
고 노예를 해방했음.

인격을 갖추고 있다는 것은 많은 것을 품고 있다는 것이며, 큰 것을 받아들일 수 있다는 것이며, 거친 물결과 험한 파도까지 다 겪은 뒤 여유를 잃지 않고 넉넉해질 수 있다는 것이다. 수많은 감 정을 느끼며 삶을 영위하면서 감정이 출렁거릴 때 어떻게 표출하 고 사느냐에 따라 인격의 성숙도가 드러나는 것이다.

인격의 조건

인격을 갖춘 사람은 폭넓은 지식과 사물에 대한 식견이 있고, 태도 역시 훌륭한 사람을 말한다. 하지만 아무리 지식과 식견을 가지고 있다고 하더라도 올바른 태도로 행동하지 않으면 인격적인 사람이 아니다.

보복이나 성급한 행동, 야비한 행동, 지각없는 행동, 상처를 입힐 수 있는 행동을 하지 말고 도덕적인 자세를 취해야 한다. 유혹에 흔들리지 않아야 하며 항상 정직하며 양심에 거리낌 없는 선량한 행동을 해야 한다. 상대방이 불쾌하게 하거나 인격적인 모독을 할 때 분노로 인해 심한 욕설로 앙갚음을 해주고 싶겠지만, 그 상황에서도 도덕적인 자세를 견지해야 한다.

인격자는 마음이 넓은 사람으로 깨진 유리처럼 날카로운 말이 들어와도, 다듬지 않은 돌처럼 상처 주는 말이 들어와도 스펀지처럼 흡수해서 감싸 안는다. 남을 너그럽게 받아들이는 사람은 사람들의 마음을 얻게 되고, 항상 위엄과 무력으로 엄하게 다스리고자 하는 자는 노여움을 사게 된다. 인격을 갖춘 태도를 지니고 상대방의 실수에 관대함을 보여 고상한 품위를 유지해야 한다.

안창호(安昌浩, 1878~1938)
호는 도산(島山)이며 독립운동가, 교육자. 애국계몽 활동을 펼쳤으며 독립협회, 신민회, 흥사단 등을 조직해 활발한 구국운동을 전개했음.

🎤 안창호 선생 어록

> 우리 가운데 인물이 없는 것은, 인물이 되려고 마음먹고 힘쓰는 사람이 없기 때문이다. 인물이 없다고 한탄하는 그 사람이 왜 인물이 될 공부를 하지 않는가. 그대는 나라를 사랑하는가. 그렇다면 먼저 그대가 건전한 인격자가 되라.

인간이 가진 인격의 크기는 시간이 지날수록 변한다. 인격이 더욱 나은 방향으로 변하여 발전할 수 있고 더 나쁜 방향으로 변하여 퇴보할 수도 있다. 인격은 훈련의 산물이다. 스포츠맨이 매일 근육을 단련해야 몸매를 유지할 수 있듯이 마음을 다잡지 않으면 깜짝할 사이에 타락하고 만다. 어떻게 인격을 갖추고 유지할 것인지를 늘 스스로 물으면서 연마해야 한다. 노력 없이는 인격을 훌륭하게 다듬을 수 없으므로 지속해서 자신을 가다듬는 노력이 있어야 한다.

 벤저민 디즈레일리 어록

> 우리가 살아가면서 쌓인 모든 것들은 인간 됨됨이의 바탕이 된다. 그러므로 사람은 자신의 인격과 능력을 계발하는데 많은 시간을 투자해야 한다.

자아를 관찰하고 단련하며, 조절하는 훈련이 필요하다. 근면, 덕행, 선행이라는 훌륭한 자질을 키워야 하며 옳다고 생각하는 규칙을 지켜야 한다. 인격을 갖추면 존경과 명성이라는 응분의 보상을 받게 되므로 바르게 살아가는 법을 반복 학습해야 한다.

벤저민 디즈레일리
(Benjamin Disraeli, 1804~1881)
영국의 수상을 지낸 정치가이자 작가.

인격은 삶에 있어서 매우 효과적인 무기로 눈물과 비극을 처리하는 그릇이다. 슬픔과 불행과 실패를 이겨내는 마음의 크기가 바로 인격이다. 인격은 순조로울 때보다는 힘들 때 그 진가를 발휘한다. 궤도를 이탈하지 않도록 도와주고, 힘과 자양분을 공급하며, 단호하게 행동하도록 독려한다. 강한 정신과 올바른 마음을 가지고 인격 향상을 이루어야 한다.

 꽃바구니, 쓰레기바구니

• 인격을 높이려면 내면을 무엇으로 채워야 할까?

> 어떤 스승이 바구니 안에 꽃을 담고 제자들에게 물었다. "이것이 무슨 바구니인가?" 제자들은 당연한 표정을 지으며 대답했다. "꽃바구니입니다." 이번엔 꽃을 들어내고 쓰레기를 바구니에 담고 물었다. "그럼, 이것은 무슨 바구니인가?" 제자들은 한 목소리로 대답했다. "쓰레기통입니다."
> 스승이 제자들에게 말했다. "그래 너희들 말처럼 바구니에 어떤 것을 담느냐에 따라서 달라진다. 너희들도 이 바구니처럼 내면에 향기로운 꽃을 담아 놓으면 향기 나는 사람이 되는 것이다."

바구니가 쓰레기로 채워지면 더러운 쓰레기통이다. 꽃들로 채워지면 아름다운 꽃바구니이다. 나의 내면의 그릇을 무엇으로 채우느냐에 따라 인격이 달라진다. 하루하루 반복되는 일상의 시간들을 어떻게 채우고 관리하느냐에 인격을 닦는 비결이 달려 있다.

인격을 높이려면 시야를 넓혀 멋지고, 아름답고, 목적의식이 있는 것들에 관심을 기울여야 한다. 음악, 미술, 훌륭한 문학작품, 폭넓은 철학, 위대한 사상 등을 가까이 하면 내면의 삶을 좋은 것들로 가득 채울 수 있다. 나의 내면이 좋은 것들로 가득 차면 자신의 인격도 높아진다.

✈ 인격을 실천하는 방법

- 언제나 도덕적인 자세를 견지한다.
- 어떤 자극이나 유혹에도 흔들리지 않는다.
- 항상 정직하고 윤리에 어긋나지 않게 행동한다.
- 항상 선량하고 예의가 바르고 도덕적으로 흠잡을 데 없이 행동한다.
- 마음이 들떠서 내키는 대로 말하거나 행동하지 않는다.
- 권위를 앞세워 관대함을 저버리지 않는다.
- 타인의 마음에 상처를 주는 행위를 하지 않는다.
- 모든 사람을 동등하게 대하고 존중해 준다.
- 정중함과 친절함을 발휘한다.
- 다른 사람의 험담을 절대로 하지 않는다.

📚 인격 명언

• 사람됨은 그 사람의 행동거지에 의해 판단되는 것이지, 그 사람이 자기소개 하는 것에 의해 판단되는 것이 아니다. _아이작 싱거

• 인격은 꿈꾸듯 쌓을 수 있는 게 아니다. 망치로 두드리고 다듬듯 꾸준히 노력해 스스로 쌓아나가야 한다. _제임스 A. 프루드

• 겸손하고 양보하는 마음은 인격을 완성하는데 있어서 절대 필요한 양식이다. 이러한 인격 완성의 양식이 떨어지면, 사람들은 교만하고 악해진다. _존 러스킨

• 사람들은 때로 인격과 명성을 혼동한다. 명성은 한 사람의 인상을 남이 마음대로 평하는 외부적 소리이지만 인격은 그 사람 안에 갖춘 마음의 자태이다. _에머슨

• 사람의 인격은 먼저 말에서부터, 다음에는 행실에서 드러난다. _메난드로스

• 소유물이 결코 행복을 만들어 주지 못한다. 무엇보다 중요한 것은 사람의 됨됨이인 것이다. _디오도어 루빈

• 인격을 만드는 데는 오랜 시간이 걸린다. 그러나 오래 걸려서 만든 인격을 무너뜨리는 것은 잠깐이면 된다. _페스 볼드윈

• 어려서부터 올바른 품성을 지닌 사람은 청년 시절에도 남의 칭찬을 받는 일을 하며, 노인이 된 후에도 다른 사람들로부터 무한한 존경을 받게 된다. 그러므로 어릴 적부터 올바른 도덕과 예의를 갖추도록 노력해야 한다. _비스마르크

읽기 자료

벤저민 프랭클린의
13가지 덕목과 실천 사항

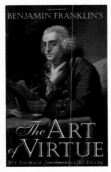

벤저민 프랭클린은 저서 덕의 기술(The Art of Virtue)에서 자신이 지켜야 할 13가지 덕목을 정하고 습관화하기 위하여 수첩에 적어 놓고 매일 확인했다. 그리고 매주 지킬 조항도 정하여 이를 지키기 위해 노력했다. 이런 노력의 결과 자연스럽게 인격자로서의 성품이 형성되었다. 미국 역사상 가장 존경받는 사람 중 하나인 벤저민 프랭클린은 가난으로 정규 학교는 1년밖에 다니지 못했으나 건전한 생활을 체득하여 당대의 최고 지도자가 될 수 있었다.

《덕의 기술》

1. 절제(Temperance) 과식과 과음을 하지 않는다.

2. 침묵(Silence) 말을 삼가고 쓸데없는 대화는 피한다.

3. 질서(Order) 모든 물건을 제자리에 정돈하고, 주어진 일은 정해진 시간을 지킨다.

4. 결단(Resolution) 해야 할 일은 하기로 마음먹고 반드시 실천한다.

5. 절약(Frugality) 타인이나 자신에게 유익한 것 외에는 지출을 삼가고, 낭비하지 않는다.

6. 근면(Industry) 시간을 헛되이 보내지 않고, 유익한 일만 하며 불필요한 행동을 삼간다.

7. 성실(Sincerity) 남을 속이지 않고 순수하고 정당하게 생각하며 말과 행동을 일치시킨다.

8. 정의(Justice) 남에게 피해를 주지 않고 응당 돌아갈 이익을 반드시 주도록 하며 나의 유익함도 놓치지 않는다.

9. 중용(Moderation) 극단을 피하고, 원망할만한 일을 한 사람에게조차 원망하지 않는다.

10. 청결(Cleanliness) 몸과 의복, 생활을 깨끗이 한다.

11. 평온(Tranquility) 사소한 일이나 일상적인 사고에 마음을 흩뜨리지 않는다.

12. 순결(Chastity) 건강이나 후손을 두는 목적 이외의 성생활은 절제하며 자신과 상대방의 인격을 해치지 않는 범위에서 유지한다.

13. 겸손(Humility) 성인들의 삶을 본받는다.

벤저민 프랭클린(Benjamin Franklin, 1706-1790)
미국의 과학자이며 외교관이자 정치가. 피뢰침과 다초점 렌즈 등을 발명. 미국 독립에 크게 이바지하는 업적을 남겨 100 달러 지폐에 초상화가 실려 있음.

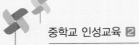

정리하기

◉ 인격은 고결한 재산으로 인간으로서의 존중이며 '참 인간 되기'이다.

◉ 인격을 갖춘 사람은 깊이가 있는 사람이다.

◉ 사람은 마음을 가다듬고 행동을 신중하게 하면서 인격을 완성해 나아가야 한다.

◉ 인격을 갖추고 있다는 것은 많은 것을 품고 있다는 것이다.

◉ 유혹에 흔들리지 않고 정직하며 양심에 거리낌 없는 행동을 해야 한다.

◉ 남을 너그럽게 받아들이는 사람은 사람들의 마음을 얻게 된다.

◉ 상대방의 실수에 관대함을 보여 고상한 품위를 유지해야 한다.

◉ 인격은 훈련의 산물이므로 꾸준히 연마해야 한다.

◉ 자아를 관찰하고 단련하며, 조절하는 훈련이 필요하다.

◉ 인격을 갖추면 존경과 명성이라는 보상을 받게 된다.

◉ 인격은 순조로울 때보다는 힘들 때 그 진가를 발휘한다.

◉ 나의 내면의 그릇을 무엇으로 채우느냐에 따라 인격이 달라진다.

◉ 나의 내면이 좋은 것들로 가득 차면 자신의 인격도 높아진다.

확인하기

1 인격을 갖춘 사람은 어떤 사람인지 서술하시오.

_____

_____

2 인격을 갖춘 사람은 어떻게 행동하는지 적어 보세요.

_____

_____

3 인격을 갖추기 위해서는 어떤 노력을 기울여야 할까요?

_____

_____

4 인격을 실천하는 방법을 적어 보세요.

_____

_____

5 인격에 관한 명언을 만들어 보세요.

_____

_____

정답 1~5. 각자 작성

02

8대 인성덕목

1 예(禮)

📖 **학습목표** • 예의 본질과 예를 갖추는 방법을 이해할 수 있다.
• 겸손의 의미와 방법을 설명할 수 있다.
• 예의와 관련하여 용모의 중요성을 이해할 수 있다.

  예절의 본질

🎙 ≪예기≫ 중에서

> 앵무새가 아무리 말을 잘한다고 하더라도 새이고, 원숭이가 아무리 흉내를 잘 낸다 하더라도 역시 짐승에 지나지 않는다. 사람도 아무리 훌륭한 말을 한다고 하더라도, 사람으로 갖추고 있어야 할 예를 갖추지 못한다면 앵무새나 원숭이와 다를 것이 무엇이 있겠는가.

≪예기 禮記≫
중국 고대 유가(儒家)의 경전인 오경(五經)의 하나. 예법(禮法)의 이론과 실제를 풀이한 책.

예절은 인간관계에 있어서 가장 기본적인 덕목으로 사람을 대하는 방법이며 마땅히 지켜야 할 도리이며 질서이다. 예절은 '격식을 갖춘 행동'이다. 예절은 공동체에서 원만한 인간관계를 위해 오랫동안 함께 살아오면서 형성된 행위 양식이며 생활 방식이다. 예절은 상대방을 존중하는 정신을 표현하는 형식으로 이루어진다.

예절의 본질은 다른 사람을 공경하는 마음가짐이며 형식은 말과 행동과 몸가짐에서 나타난다. 타인을 공경하는 마음이 있으면 말과 행동과 몸가짐에 예를 갖추어 하지만 타인을 무시하는 마음이 있으면 함부로 대한다.

내가 소중하면 상대방도 소중하다. 내가 상대방에게 예의를 다하느냐에 따라 나도 상대방으로부터 똑같은 대접을 받는다. 상대방을 함부로 대하면 나도 함부로 대접 받게 된다.

인간에게 인간의 본질인 예절이 없다면 인간이라고 말하기 어려우며 동물과 다를 바 없다. 내 마음대로 행동하고 내 마음대로 말하는 것이 자유이고 개성이라면 그것은 절제력과 이성을 상실한 인간이지 인간다운 인간은 아니다.

개인의 자유를 중시하는 현대인에게 개인의 행동은 고유한 권한으로 인식되지만 모든 사람이 자신의 자유만을 생각하며 마음대로 행동한다면 질서도 없고 혼란에 빠질 것이다. 혼자 살면서 아무런 인간관계도 맺지 않고 지낸다면 어떤 예절도 필요하지 않겠지만, 인간은 사회적 존재로 더불어 살아가야 하므로 예절이 필요한 것이다.

예절은 자신을 억제하고 상대방에게 맞추려고 하는 분별과 양식 있는 행위로서 정중함과 상냥함이다. 예절은 내면의 인격이다. 말 한마디, 행동 하나가 나를 만든다. 인간은 예절을 통해서 자신을 드러내게 되고, 타인은 그것을 통해서 그 사람의 인격을 판단하게 된다.

예절이 바르면 좋은 평가를 받는다. 예절은 자신과 공동체를 위해서 꼭 필요한 것이다. 예절은 자신을 보호하는 틀이며 공동체의 조화와 유지를 위한 약속이다. 개인에게 있어서는 절제력을 발휘하여 참다운 인간을 만들어주고 공동체 안에서는 타인에 대한 배려와 조화로운 삶을 영위하도록 만든다.

겸손의 의미

🎙 ≪역경≫ 중에서

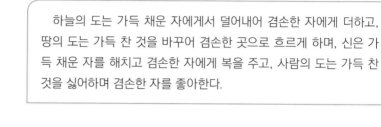

하늘의 도는 가득 채운 자에게서 덜어내어 겸손한 자에게 더하고, 땅의 도는 가득 찬 것을 바꾸어 겸손한 곳으로 흐르게 하며, 신은 가득 채운 자를 해치고 겸손한 자에게 복을 주고, 사람의 도는 가득 찬 것을 싫어하며 겸손한 자를 좋아한다.

≪역경易經≫
중국의 유학 경전. 오경(五經) 중의 하나, ≪주역周易≫이라고도 함. 만물이 끊임없이 변화하는 자연 현상의 원리를 설명하고 풀이한 책.

겸손은 인간관계에 있어서 매우 중요하다. 벼는 익을수록 머리를 숙인다. 겸손은 자신을 낮추는 것이 아니라 자신을 세우는 것이다. 용기와 힘을 함께 갖춘 사람은 교만하지 않다. 진정한 힘이 있는 사람의 겸손은 진심이며, 약한 사람의 겸손은 비굴함으로 비칠 수 있다. 겸손은 결코 비굴함이 아니다. 힘이 있는 사람만이 겸손할 자격을 가진다.

물이 바다로 모이는 것은 바다가 낮은 곳에 있으며 모든 물을 수용할 수 있는 역량이 되기 때문이다. 스스로 높아지려 한다고 해서 높아지는 것이 아니다. 신은 자기 스스로 높은 곳에 앉은 사람을 아래로 밀어내고 스스로 겸손한 사람을 부축해 올린다.

겸손은 교만 반대편에 선 덕목이다. 교만은 극단적인 자기중심의 죄악이며, 인간관계에 벽을 쌓는 것이며, 자신을 속이는 것으로 패망의 선봉이요 넘어짐의 앞잡이다. 교만의 병에 걸리면 회복하기 어려우며 삶의 나락으로 떨어지게 되어 있다. 자기 과시는 미움을 사며 시기심을 유발시킨다. 과시하는 행위는 상대방의 감정을 상하게 한다. 인간은 누구나 교만해지기 쉬운 존재이므로 교만하지 않고 겸손하려고 노력해야 한다.

🎙 선비의 깨달음

• 선비는 어떤 과정을 거쳐 깨달음에 이른 것일까?

조선 시대 한 선비가 자신의 학식에 대해 대단한 자부심을 가지고 있었다. 그는 장원급제할 것이라 믿고 과거시험을 보러 한양에 가고 있었다. 그는 중간에 나룻배를 타고 강을 건너다가 뱃사공에게 자랑하듯이 물었다. "이보게 사공, 논어를 읽어보았는가?" 그러자 뱃사공이 의아한 표정을 지으며 대답했다."논어라니요? 그게 무슨 책입니까?" 선비는 그 대답을 듣고 어이

없는 표정으로 말했다. "어찌 논어를 모르다니 그건 지금 몸만 살아있지 자네의 정신은 죽은 것이나 다름없네."

그 순간 큰바람이 불어와 물결이 계속 출렁거렸다. 그리고 나룻배가 휘청거리자 사공이 말했다. "선비님, 혹시 헤엄을 칠 줄 아십니까?" 배가 뒤집힐까 두려워 사색이 된 선비가 말했다. "난 평생 글공부만 해서 헤엄을 칠 줄 모르네." 그 말에 사공이 피식 웃으며 선비에게 큰 소리로 말했다. "그러면, 만약 이 배가 물결에 뒤집힌다면 선비님은 정신만 살아있고 몸은 죽은 것이나 다름없습니다."

다행히 배는 무사히 강 건너편에 도착했다. 그리고 배 위에서 크게 깨달은 선비는 학문보다 인격을 더 쌓은 후 과거시험을 보겠다고 결심하고 다시 배를 타고 고향으로 돌아갔다.

겸손한 사람이 이룬 일은 공감하지만 교만한 사람이 이룬 일은 시기한다. 자기과시는 미움을 사며 시기심을 유발한다. 겸손하지 못한 재능은 주변에 적을 만든다. 화를 당하는 사람은 두뇌가 명석한 사람이 많다. 두뇌는 명석해지도록 충분히 연마해 두어야하지만 명석함을 지나치게 드러내지 말아야 한다. 재능이 칼이라면 겸손은 그 재능을 보호하는 칼집이다.

대기업 회장이 자신의 부하 여직원을 성폭행하거나, 운전기사

에게 인격살인에 가까운 막말을 퍼부어 사회적 물의를 일으키는 일이 벌어지고 있다. 세속적으로 추구하는 권력이나 금력이나 명예를 가진 사람이 이를 지키지 못하고 몰락하는 것은 겸손하지 못하고 교만을 부리는 데 원인이 있는 경우가 많다. 교만의 병에 걸리면 회복하기 어려우며 삶의 나락으로 떨어지게 되어 있다. 이처럼 인간은 뭔가를 이루었다 싶으면 교만해지기 쉬우므로 겸손함을 잃지 말아야 한다.

용모의 중요성

예절을 표현하는 데 있어서 용모는 매우 중요한 역할을 한다. 복장, 동작, 표정, 얼굴, 말투와 머리 모양 등 용모는 공동체 구성원에 대한 예의이므로 용모에 세심하게 신경을 써야 한다. 혼자 산다면 어떤 용모를 하건 아무 상관이 없겠지만, 인간은 사회적 동물이므로 공동체의 일원으로서 사람들에게 좋은 인상을 주도록 용모를 갖추어야 한다.

용모를 보면 그 사람의 됨됨이를 헤아릴 수 있다. 용모는 품격의 상징으로 타인에게 인식되며 당사자의 마음에도 영향을 준다. 타인의 평가뿐만 아니라 자기 관리에도 영향을 주어 인간관계에 크게 영향을 미친다. 편한 것만 추구하거나 무작정 유행을 따르기보다는, 자신의 이미지에 맞는 복장으로 가꾸고 표현하여야 한다. 물론 학생의 입장에서 주로 교복을 입겠지만 깨끗하게 다려 입어야 하며 평상복의 경우에는 상황에 맞게 입어야 한다.

고흐 〈일본 처녀〉

📚 예(禮) 명언

- 예절이 갖는 힘을 체득하라. 예절의 기술은 모든 인간관계를 향상시킨다. _그라시안

- 예의 바른 행동은 고귀한 성품의 최종적인 완성의 꽃이다. _W. 윈터

- 훌륭한 예절과 부드러운 언행이 많은 난제들을 해결해 주었다.
  _J. 벤부르

- 승자의 강점은 출생이나 높은 지능, 뛰어난 실력에 있지 않다. 그것은 바로 소질이나 재능이 아닌 오직 태도에 있다. 태도를 보면 그 사람의 성공을 가늠할 수 있는데, 이런 태도는 아무리 많은 돈을 주어도 살 수 있는 것이 아니다. _데니스 웨이틀리

- 사람에게는 그토록 결점이 많은 것은 아니다. 결점의 대부분은 거만한 태도에서 나온다. 먼저 거만한 태도를 버려라. 그러면 많은 결점이 스스로 고쳐질 것이다. _라 로시푸코

- 모든 것을 두려워하고 겸손할 줄 알면 그 사람은 결코 망하는 법이 없다. _춘추좌전

- 겸손한 사람은 존경과 사랑을 받으며 교만한 사람은 미움과 질시를 받는다. _주역

- 물은 모든 만물을 육성하고 키워주지만 자신의 공을 자랑하지 않는다. 오히려 남들이 가장 싫어하는 낮은 곳으로 흐른다. 그래서 물은 세상에서 가장 귀한 존재가 되는 것이다. _노자

- 교만하면 손해를 보고 겸손하면 이익을 보는 것은 하늘의 도이다.
  _서경 書經

- 몸단장을 하지 않고 외출하는 사람을 이해할 수 없다. 그것은 예의를 차리지 않는 행동이다. 오늘이 운명의 상대와 만나게 되는 날일지도 모른다. _코코샤넬

노자의 스승

중국의 사상가 노자는 죽음을 앞둔 스승을 찾아가 마지막 부탁을 했다.

"스승님 마지막으로 한 가지만 더 가르쳐 주십시오."

그러자 스승은 아무 말도 하지 않고 입을 크게 벌리면서 물었다.

"내 입속에 남아있는 것이 무엇이냐?"

노자는 어리둥절한 표정을 지으며 대답했다.

"스승님께서 연세가 드셔서 이는 없고 혀만 남아 있습니다."

스승은 "세상의 이치는 이와 같으니라. 딱딱한 것보다 부드러운 것이 훨씬 오래가는 법이니라"라고 했다.

노자는 스승의 정신을 이어받아 '유약겸양부쟁(柔弱謙讓不爭)'의 덕을 설파했다. 이것은 비굴함과는 전혀 관계가 없는 '부드러움은 강한 것을 이긴다'라는 뜻으로 필승의 방책이다. 버드나무 가지가 눈사태에도 부러지지 않듯 노자는 유연함을 생명의 상징으로 보았고 부드러운 물이 가장 강할 수 있다고 하면서 다음과 같이 말했다.

"천하에 물보다 더 부드럽고 약한 것은 없다. 그러나 굳고 센 것을 꺾는 데 물보다 더 뛰어난 것 또한 없다. 이는 물이 철저하게 약하기 때문이다. 천하에서 가장 부드럽고 약한 물이 천하에서 가장 단단한 쇠와 돌을 마음대로 부린다. 형태가 없는 것은 도저히 파고들 틈도 없는 그 어떤 곳이라도 파고들 수 있기 때문이다."

노자(老子, BC 6세기경)
중국 제자백가 가운데 하나인 도가(道家)의 창시자. 자연 그대로의 상태인 무위자연(無爲自然)과 소박하게 살아가는 삶을 이상 사회로 추구하는 소국과민(小國寡民)을 주장.

• 노자의 스승이 노자에게 강조한 것은 무엇인가?

정리하기

◉ 예절은 사람을 대하는 방법이며 지켜야 할 도리이며 질서이다.

◉ 예절은 '격식을 갖춘 행동'이다.

◉ 예절의 형식은 말과 행동과 몸가짐에서 나타난다.

◉ 예절은 내면의 인격으로 말 한마디, 행동 하나가 나를 만든다.

◉ 예절이 바르면 좋은 평가를 받는다.

◉ 겸손은 자신을 낮추는 것이 아니라 자신을 세우는 것이다.

◉ 겸손은 비굴함이 아니다.

◉ 겸손은 교만 반대편에 선 덕목이다.

◉ 교만은 인간관계에 벽을 쌓는 것이며, 자신을 속이는 것이다.

◉ 교만하지 않고 겸손하려고 노력해야 한다.

◉ 겸손하지 못한 재능은 주변에 적을 만든다.

◉ 용모에 세심하게 신경을 써야 한다.

◉ 용모를 보면 그 사람의 됨됨이를 헤아릴 수 있다.

 확인하기

1 다음 중에서 설명이 틀린 것은 무엇인가요?

① 예절은 '격식을 갖춘 행동'이다.

② 인간은 사회적 존재로 더불어 살아가야 하므로 예절이 필요한 것이다.

③ 재능과 명석함은 지나치게 드러내어도 괜찮다.

④ 용모를 보면 그 사람의 됨됨이를 헤아릴 수 있다.

2 문장을 읽고 O · X를 표시 하세요.

겸손은 자신을 낮추는 것이 아니라 자신을 제대로 세우는 것이다. (　　)

3 빈칸에 적절한 단어를 기입하세요.

(　　　　　)하면 손해를 보고 겸손하면 이익을 보는 것은 하늘의 도이다.

4 내가 가장 잘 지킨 친구 사이의 예절은 무엇인가요?

....

....

5 내가 지금까지 경험한 겸손의 사례는 무엇인가요?

....

....

정답 1. ③ 2. O 3. 교만 4~5. 각자 작성

2 효(孝)

📖 학습목표 • 효의 의미를 이해하고 효를 실천하는 방법을 말할 수 있다.
• 가족의 의미를 이해하고 가족을 사랑하는 방법을 말할 수 있다.
• 가정의 중요성을 인식하고 행복한 가정을 위한 역할을 말할 수 있다.

 ## 효란 무엇인가

🎙 《소학 小學》 중에서

> 부모님께서 말씀하실 때는, 하던 일을 멈추고 바른 자세로 조용히 들어야 하며, 맛있는 음식이나 좋은 옷이 있을 때는 먼저 부모님을 생각해야 한다. 부모님의 물건이나 옷을 소중하게 다루어야 하며 옷은 넘어 다니거나 밟지 말아야 하고 부모님께서 출입하실 때는 일어서서 인사를 드려야 한다.

《소학 小學》
유학을 가르치기 위하여 만든 수신서(修身書). 일상생활의 예의범절, 수양을 위한 격언, 충신·효자의 사적 등을 모아 놓음. 송나라 주희(朱熹)의 제자 유자징(劉子澄)이 편찬함.

효는 자식이 부모님을 섬기는 도리로서, 우리 사회의 오랜 전통적 윤리 규범 가운데 으뜸이다. 자식이 부모님께 효도해야 한다는 것은 마땅한 도리이다. 부모와 자식의 관계는 선택의 여지가 없이 하늘이 내린 인연으로 부모는 자식에게 *자애로써 사랑을 베풀고 자식은 부모의 은혜에 보답하기 위한 효를 다해야 한다.

자애
아랫사람에게 베푸는 따사롭고 돈독한 사랑

사람이 세상에 태어나 맨 처음 관계를 맺는 사람이 부모이다. 자신의 삶은 부모로부터 물려받아 시작된다. 부모는 자식을 낳고, 길러주고, 보살펴주는 은혜로운 존재이다. 부모는 효도를 받을 자격이 있다.

부모가 자식을 사랑하고 자식이 부모를 *공경하며 효도하는

공경
남을 대할 때 몸가짐을 조심스럽게 하고 받듦.

39

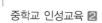

것은 지극히 자연스럽고 당연한 행위이다. 때로는 부모가 자식을 키우면서 이런저런 잘못을 했을 수도 있겠지만 이해하고 효도에 최선을 다해야 한다. 어린아이에게 부모가 필요한 것처럼 나이 드신 부모에게는 돌봐줄 자식이 필요하며 책임감과 의무감을 가지고 세심하게 보살펴드려야 한다. 자식이 부모에게 효도하듯이, 조부모를 비롯한 집안 어른들을 공경하는 것은 매우 자연스럽고 당연한 일이다.

"효는 모든 행동의 근본이다"는 말이 있듯이 모든 예절의 시초는 효에서 시작된다. 효를 실천하는 것은 곧 자신의 인격을 수양하는 좋은 방법이므로 효성이 지극한 사람은 훌륭한 인격을 가지게 된다.

 유대 격언

> 물레를 돌리게 해도 효도일 수 있고, 잔칫상을 차려 드려도 불효일 수 있다.

 진정한 효

- 어머니가 부자인 큰아들보다 가난한 작은아들의 효도를 더 좋아한 이유는 무엇일까?

> 어느 마을에 효성이 지극한 아들 둘을 둔 어머니가 있었다. 큰아들은 그 마을에서 가장 큰 부자인 반면에 작은아들은 생활 형편이 좋지 못했다. 큰아들은 작은아들보다 잘 살았기 때문에 어머니께 좋은 음식과 좋은 옷에 관광까지 시켜 드리며 편하게 모셨다. 그런데 이상하게도 어머니는 작은아들의 집에 더 자주 머물렀다.
> 큰아들이 이유를 알 수 없어 물었다. "어머니, 우리 집은 음식이나

잠자리나 모든 면에서 편하실 텐데 왜 자꾸 불편하고 형편도 좋지 않은 동생 집에 머물려고 하시는 거예요?"

어머니는 미소를 지으며 말했다. "좋은 음식을 먹고 좋은 옷을 입는 것은 너희 집이 낫다만 네 동생 집에는 그것보다 더 좋은 것이 있단다."

큰아들은 궁금하여 어머니께 물었다. "어머님, 그게 뭐죠?" 그러자 어머니는 큰아들에게 말했다. "네 동생은 매일 저녁 식사가 끝나면 내 방으로 와서 늙은 어미의 손과 다리를 주물러 주면서 말동무를 해주거든."

부모님에게 효도할 때는 정성과 공경을 바탕으로 해야 한다. 효도는 부모님을 정신적으로 편안하고 기쁘게 해드리는 것과 부모를 육체적으로 편안하게 해드리는 것이 있다. 좋은 집에 좋은 음식과 좋은 옷으로 부모를 봉양하는 것도 좋지만, 부모가 자식에게 원하는 것은 마음에서 우러나오는 미소 짓는 얼굴과 공손한 말씨와 따뜻한 손길이다. 부모를 쓸쓸하고 허전하게 만드는 것은 집이나 음식이나 옷이 아니라 마음이 담겨있지 않은 태도이다.

부모가 나이가 들면 어린아이처럼 아주 작은 일에도 기뻐하고 슬퍼하고 노여워하므로 자식은 세심한 주의를 기울여서 이러한 마음을 잘 헤아려야 한다. 큰 잔치를 베풀고 좋은 것을 해드리는 것만 아니라 비록 작은 것이라도 정성을 다한다면 그것이 바로 진정한 효도로 부모님이 기뻐하는 것이다. 부모님이 기뻐하면 집안이 화목해지면서 가족 간에 사랑이 깊어진다.

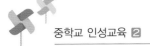

 그라쿠스 형제 어머니

코르넬리아
(Cornelia, 미상)
BC 2세기말 로마의 개혁가였던 그라쿠스 형제(형 '티베리우스 그라쿠스'와 아우 '가이우스 셈프로니우스 그라쿠스')의 어머니로 훌륭한 교양을 갖추었던 여인.

• 어머니 코르넬리아의 사랑을 받은 그라쿠스 형제는 로마를 어떻게 개혁했을까?

그라쿠스 형제는 로마 사회를 개혁한 위대한 정치가다. 그의 어머니 코르넬리아는 로마의 명문가의 딸로서 높은 교양과 깊은 덕성을 쌓은 뒤 결혼하였다. 그녀의 남편은 정직하고 근엄한 인물로서 두 번이나 로마의 통령을 지냈다. 코르넬리아는 내조를 잘 하고 지혜가 뛰어난 로마의 전형적인 부인이었다. 그녀는 자기의 자녀를 로마에서 가장 뛰어난 인물로 키우려고 정성을 다 하였다.

어느 날 로마의 한 귀부인이 코르넬리아를 찾아와서 자기의 보석과 옷을 한 바탕 자랑한 다음에 "당신의 자랑거리는 무엇입니까"라고 묻자 코르넬리아가 "보여 드릴 테니 잠시 동안만 기다려 주십시오"라고 대답했다. 그 귀부인은 빨리 보여 달라고 보챘다. 잠시 후에 코르넬리아의 두 아들인 그라쿠스 형제가 학교에서 공부를 마치고 돌아왔다. 코르넬리아는 그 귀부인에게 정색을 하고 말했다. "나의 자랑은 이 아들들입니다."

남편이 죽은 뒤 코르넬리아는 자녀 교육에 더욱 힘을 쏟았다. 그라쿠스 형제는 어른이 되었다. 그라쿠스 형제는 어머니의 자랑일 뿐만 아니라 전 로마의 자랑이요 역사의 자랑이 되었다. 그 당시 로마 사회는 소수의 특권 귀족이 대 토지를 독점하여 많은 농민들이 땅을 잃고 빈민으로 전락하였다. 귀족의 횡포에서 가난한 사람을 구출해야만 했다. 그라쿠스 형제는 사회 개혁의 투사로 나섰다. 그들은 호민관이 되어 민중의 이익을 위해서 싸웠다. 토지 분배 위원이 되어 빈민들에게 땅을 나누어 주었다. 토지 법안을 민회에서 통과시켜 자작 농민을 보호하였다. 곡물법을 제정하여 로마 빈민들이 싼값으로 곡식을 살 수 있게 하였다. 또 많은 사람들에게 로마 시민권을 부여하여 사회 개혁의 기수가 되었다.

그라쿠스 형제가 제시한 여러 개혁 법안은 그 후 1세기 동안 로마 사회개혁운동의 기본 강령이 되었다. 로마의 반동세력들은 로마의 의

인이요 사회 개혁의 투사인 그라쿠스 형제를 모두 다 암살해 버렸다. 두 아들을 잃은 어머니의 슬픔은 형언할 수 가 없었다. 그러나 어머니는 굳세고 강하였다. 이 위대한 어머니는 두 아들의 비운을 의연하게 참고 견디었다.

부모님이 진정으로 편안하고 즐거워하는 것은 자식이 올바른 심성과 태도를 가지고 세상을 살아가는 것이다. 많은 돈을 벌고 출세하여 명예를 높이는 것도 좋지만, 무엇보다도 신체와 정신이 건강하기를 바란다.

효는 부모에 대한 사랑의 표현이지 주고받는 계약이 아니므로 마음에서 우러나와서 해야지 억지로 할 수 없고 억지로 해서도 안 된다.

모든 부모는 자식이 배부르고 따뜻한가를 늘 생각하지만, 부모의 배고프고 추운 것을 늘 생각하는 자식은 적은 것 같다. 자식들의 효성이 아무리 지극해도 부모의 사랑에는 미치지 못한다. 부모가 자식을 사랑할 때는 마음에서 우러나와 몸에 배어 자연스럽게 하는데 자식이 부모에 대한 관심과 사랑은 어렵게 나오는 경우가 많다.

 까치 한 마리

• 치매에 걸린 아버지에 대한 아들의 태도와 어릴 때 아버지가 아들을 대한 태도는 어떻게 다를까?

치매 증상이 있는 아버지가 창밖을 바라보다가 까치 한 마리를 보고 아들에게 물었다. "아들아, 저 새가 무슨 새냐?" 아들이 "까치네요"라고 대답했다. 아버지는 조금 있다가 다시 아들에게 묻는다. "아들

아, 저 새가 무슨 새냐?" "까치라고요!" 잠시 후 아버지는 아들에게 또 물었다. "아들아, 저 새가 무슨 새냐?" 이제 아들은 짜증 섞인 목소리로 대답했다. "까치라니까요! 아 정말 왜 자꾸 그러세요!" 그때 그 모습을 옆에서 지켜보고 있던 어머니가 한숨을 쉬며 아버지의 낡은 일기장을 들고 나와 아들에게 보여주었다. 아버지의 일기장에는 다음과 같은 글이 적혀 있었다.

「오늘은 우리 아이가 세 살이 되는 날이다. 아침에 까치 한 마리가 창가에 날아와 앉았다. 어린 아들은 저게 뭐야, 하고 나에게 물었다. 나는 까치라고 대답해 주었다. 그런데 아들은 연거푸 열 번도 넘게 똑같이 물었다. 나는 귀여운 아들을 안아주며 다정하게 똑같이 대답해 주면서도 즐거웠다. 아들이 새로운 것에 호기심을 가지는 것에 감사했고 아들에게 사랑을 준다는 게 즐거웠다.」

흔히 '내리사랑'이란 말을 한다. 이는 위로 효도하기는 어렵고 아래로 자식 사랑은 쉽다는 뜻이다. 사랑의 강도가 아래로 강하다는 뜻이기도 하지만 위로 효도를 다하지 않는 자식들에 대한 탄식이기도 하다.

부모가 자식을 사랑할 때는 마음에서 우러나와 몸에 배어 자연스럽게 하는데 자식이 부모에 대한 관심과 사랑은 어렵게 나오는 경우가 많다. 부모는 자식에게 베풀고 주는 것에 익숙하고 자식은 부모에게 그렇지 못한 경우가 많다.

가족이란 무엇인가

현대 사회가 핵가족화, 고령화 사회 등으로 빠르게 변하면서 가족의 형태와 가족 구성원 간의 관계도 많은 변화를 겪고 있다. 하지만 아무리 시대가 변한다고 하여도 가족 간에 화목하게 지내야 하는 것은 변함이 없다. 그러기 위해서는 가족 간에 자신의 위치를 인식하고 의무를 다하는 자세가 필요하다.

가족은 부모와 자녀가 함께 만들어가는 운명 공동체이다. 인간이 태어나서 맨 처음 관계를 맺는 것은 부모님이며 접하는 공동체는 가족이다. 가족은 삶을 시작하는 출발점이다. 가족은 소중한 존재이므로 아끼고 사랑해야 한다.

가족의 의미는 단순한 사랑이 아니라 정신적인 안정감의 원천으로 힘이 되고 위안이 된다. 사랑과 웃음이 집안에 가득한 가족이야말로 행복한 가족이다. 서로 이해하고 아껴 주는 가족이 행복한 보금자리의 주인공이다.

몸이 아프거나, 남으로부터 상처를 받거나, 어려운 일이 닥치면 가족이 커다란 울타리가 되고 용기의 샘물이 된다. 가족은 절망에서 삶의 방향을 밝혀주는 희망의 등불이다. 아무리 사는 것이 힘들어도 가족의 연대감이 축소되거나 변질되어서는 안 된다. 어려울수록 가족이야말로 희망임을 명심하고 가족 간의 유대를 더욱 단단히 다져나가야 한다.

바쁜 일상 속에서 친구나 외부 사람들에게는 관심과 배려를 아끼지 않으면서 정작 가족에게는 타성에 젖어 소홀히 대하는 경우가 많다. 예의를 갖추기는커녕 함부로 대하면서 무시한다. 가족에 대한 무관심은 죄악이다. 이 세상에서 가장 소중한 가족에게 더 많은 친절과 배려를 행동으로 보여야 한다.

가족 사랑하기

🎙 왜소한 외모를 가진 부부

- 시장에서 딸과 딸의 친구를 만난 부부는 왜 눈물을 흘렸을까?

> 사랑하는 부부가 있었다. 이 부부는 왜소한 외모 때문에 사람들 앞에 나서기를 꺼려했다. 부부는 얼마 후 딸을 낳아 무척 기뻤지만 한편으로는 자신들처럼 왜소한 외모가 되지 않을까 걱정이 되었다. 하지만 아이는 건강하고 예쁘게 자랐다.
>
> 부부는 딸이 어릴 때는 손을 잡고 함께 외출했지만 딸이 중학생이 되자 함께 외출하지 않았다. 사춘기에 들어서는 딸에게 왜소한 부모의 모습이 상처가 될 것 같아서였다.
>
> 어느 날 부부가 장사를 하는 시장에서 딸이 친구들과 군것질을 하고 있었다. 부부는 딸의 친구들에게 자신들의 모습을 보이고 싶지 않아서 당황했다. 그런 사이에 딸과 눈이 마주치자 부부는 고개를 돌렸다. 그때 딸이 쾌활한 목소리로 "엄마! 아빠!"라고 부르며 달려왔다. 그리고는 멀리 있던 친구들을 불러서 한 명씩 소개하면서 인사시켰다. 부부의 눈에서 감격의 눈물이 흘러내렸다.

가족과 화목하게 지내는 것은 생활 속에서 일어나는 작은 일에서부터 시작해야 한다. 말 한마디나 사소한 행동에 기쁠 수도 있고 화가 날 수도 있다. 가족과 화목하게 지내기 위한 실천 방법을 익히고 생활 속에서 실천해 나가야 한다.

행복한 가족관계를 형성하기 위해서는 사랑하는 마음의 표현과 배려를 적극적으로 해야 한다. 가족의 꿈, 희망, 행복과 건강, 일, 취미에 관심을 가져야 하며 함께 대화하고, 가족들이 하는 일을 서로 도와야 한다. 부모가 베풀어주는 사랑을 당연하다고 생각해서는 안 되며 소중한 은혜로 받아들이고 효를 다해야 한다.

행복한 가정

🎙️ 아버지에 대한 생각

• 나는 지금 아버지에 대해 어떤 생각을 가지고 있을까?

아버지에 대한 생각은 나이에 따라 달라진다. 내가 지금 몇 살이든지 아버지에 대한 현재의 생각이 최종적이라고 생각하지 말아야 한다.

4세 때 – 아빠는 뭐든지 알고 무엇이나 할 수 있어.

7세 때 – 아빠는 아는 것이 정말 많아.

8세 때 – 아빠와 선생님 중 누가 더 높을까?

12세 때 – 아빠는 모르는 것이 많아.

14세 때 – 우리 아버지요? 아주 구식이에요.

21세 때 – 아버지와 세대 차이를 엄청 느껴요.

25세 때 – 우리 아버지는 아는 것은 많지는 않지만 어느 정도는 알고 계신 것 같아요.

30세 때 – 아버지의 의견도 일리가 있지요.

40세 때 – 여보! 우리가 이 일을 결정하기 전에 아버님의 의견을 들어봅시다.

50세 때 – 아버님은 훌륭한 분이셨어.

60세 때 – 아버님이 살아 계신다면, 아버지의 말씀을 한 번 다시 들을 수 있다면 좋으련만…

아버지! 뒷동산의 바위 같은 이름이다. 시골마을의 느티나무 같은 크나 큰 이름이다.

– 윤문원 ≪아버지 술잔에는 눈물이 절반이다≫ 중에서

레오나르도 다 빈치 〈리타의 성모〉

🎙 어머니에 대한 생각

• 나는 지금 어머니에 대해 어떤 생각을 가지고 있을까?

어머니에 대한 인상은 나이에 따라 달라진다. 일반적으로 나이에 따라 변하는 어머니에 대한 인상은 어떤 것일까? 내가 현재 느끼는 인상이 최종적이라 생각하지 말아야 한다.

4세 때 – 엄마는 해달라면 무조건 해 주는 사람이야.
8세 때 – 엄마는 정말 당당해, 뭐든지 알고 무엇이나 할 수 있어
14세 때 – 엄마는 왜 우리가 하는 대수롭지 않은 일에 화도 내고 슬퍼하고 기뻐할까?

17세 때 – 엄마는 왜 이렇게 간섭이 심할까?

21세 때 – 어머니는 왜 우리를 이해하지 못할까?

30세 때 – 어머니는 고마우신 분이야.

40세 때 – 어머니의 간섭이 사랑이었어.

50세 때 – 어머니는 우리를 위해 희생과 기도를 하시는 분이야.

60세 때 – 어머니가 살아 계신다면, 어머니의 잔소리를 다시 한 번
　　　　　 들을 수 있다면 좋으련만…

어머니! 그것은 참으로 위대한 이름이다. 누구에게나 가슴 뭉클함
과 포근함으로 다가오는 말이다.

– 윤문원 ≪엄마가 미안해≫ 중에서

　가정은 생명의 산실이며 행복의 원천이다. 행복한 가정에서 상
처와 아픔은 싸매지고 슬픔은 나누고 기쁨은 배가 된다. 가정은
구성원 간의 희생이 없이는 영위되지 못한다. 행복한 보금자리는
그저 되는 것이 아니라 구성원인 가족들이 스스로 만들어가는
것이다. 가정의 화목을 이루는 지혜를 발휘해야 한다.

　행복한 가정을 이루기 위해서는 부모는 자식을 사랑하고, 자식
은 부모에게 효도하며, 형제자매 간에는 우애 있게 지내야 한다.
호화주택에 살면서 다투며 사는 가정이 있는가 하면 오막살이 안
에서 웃음과 노래가 가득한 가정이 있다. 비록 가진 것은 많지
않아도 사랑이 있고, 꿈이 있고, 내일의 희망이 있으면 행복한 가
정이다. 가정을 행복하게 만드는 것은 건물이나 가구에 있지 않
고 오직 마음과 정신 속에 있으므로 행복한 가정을 이루는 데 정
성을 다하는 것이 올바른 인성이다.

나폴레옹 어머니 레티지아

• 나폴레옹의 어머니 레티지아는 나폴레옹에게 어떤 관심과 사랑을 베풀었을까?

레티치아 (1750~1836)
나폴레옹의 어머니.

나폴레옹은 19세기 최대의 풍운아였다. 그의 어머니 레티지아는 5남 3녀를 낳았으며 나폴레옹은 차남이었다. 남편이 죽은 후 레티지아는 많은 자녀를 혼자의 몸으로 길렀다. 나폴레옹은 황제가 되었고 어머니는 황태후가 되었다. 나폴레옹은 "나의 어머니는 재주와 용기가 뛰어난 당당한 부인이었다. 나의 전부는 어머니의 덕택이다"라고 말했다. 유럽의 모든 제왕이 모이고 문무백관이 도열한 가운데 노트르담 사원에서 대관식을 올렸다. 사람들은 나폴레옹의 권력과 영광을 극구 찬탄했다. 그때 레티지아는 염려하는 표정으로 이렇게 말했다. "글쎄, 저 권세와 영광이 얼마나 갈까?"

나폴레옹은 어머니의 생활비로 1년에 100만 프랑씩 드렸다. 그러나 어머니는 인간의 흥망성쇠는 알 수 없는 것이라며 검소한 생활을 하면서 아끼고 저축하였다. 그 후 나폴레옹은 제왕의 자리에서 쫓겨나 엘바 섬으로 유배되었다. 어머니는 아들이 몰락하자 로마로 은신하여 평소에 저축하였던 돈으로 여생을 조용히 지냈다. 나폴레옹의 생일에 늙은 어머니는 평소에 저축하였던 돈으로 선물을 사 가지고 아들이 있는 엘바 섬으로 찾아가서 아들을 위로하기 위해서 연회를 열었다.

어머니는 자기 방에 아들의 반신상을 안치해 놓고 아들의 운명을 늘 염려했다. 나폴레옹이 세인트 헬레나에서 병사하자 늙은 어머니는 반신불수가 되고 두 눈을 보지 못하게 되었다. 나폴레옹이 죽은 지 15년 만에 파리 한 복판에 그의 동상이 서게 되었다. 눈을 보지 못하는 어머니는 자기 방에 안치한 아들의 반신상을 어루만지면서 말했다. "황제께서는 다시 파리에 들어오시게 되었습니다." 늙은 어머니의 눈에는 눈물이 가득하였다. 얼마 후 어머니는 숨을 거두었다.

　가정은 세상 어느 곳에서도 찾아볼 수 없는 따뜻함과 편안함을 제공하는 곳이다. 특히 자녀에 대한 부모님의 사랑은 헌신적이어서 자녀가 홀로 설 수 있을 때까지 키워주고 보살펴주는 역할을 감당한다. 가정은 부모님과 자녀가 사랑의 관계로 맺어진 곳으로 자녀가 배우고 익히는 교육의 장으로서 인격 형성의 모태이며 시초가 되는 곳이다. 행복한 가정이야말로 최고의 학교이며, 사랑이 가득 넘치는 가족보다 더 위대한 교사는 없다.

효(孝) 명언

- 무릇 효도는 덕의 근본이다. 모든 가르침이 여기에서 시작되는 것이다. _효경

- 천하의 모든 물건 중에서 내 몸보다 더 소중한 것이 없다. 그런데 이 몸은 부모가 주신 것이다. _소크라테스

- 아버님 날 낳으시고 어머님 날 기르시니 두 분 곧 아니시면 이 몸이 살았을까. 하늘같은 은덕은 어디다가 갚사오리. _정철

- 요즈음은 부모에게 물질로써 봉양함을 효도라 한다. 공경하는 마음이 여기에 따르지 않는다면 무엇으로써 구별하랴. _공자

- 자식을 기르는 부모야말로 미래를 돌보는 사람이라는 것을 가슴속 깊이 새겨야 한다. 자식들이 조금씩 나아짐으로써 인류와 이 세계의 미래는 조금씩 진보하기 때문이다. _ 칸트

- 자식이 효도하면 어버이가 즐겁고 집안이 화목하면 모든 일이 잘 이루어진다. _명심보감

- 이 세상에 태어나 우리가 경험하는 가장 멋진 일은 가족의 사랑을 배우는 것이다. _조지 맥도날드

- 가정은 누구나 있는 그대로의 자기를 표현할 수 있는 유일한 장소이다. _앙드레 모루아

- 이 세상에는 여러 가지 기쁨이 있지만, 그 가운데서 가장 빛나는 기쁨은 가정의 웃음이다. _페스탈로치

시간이 닿을 때까지

정원이 넓은 이층집에 예순이 넘은 부부와 아흔 가까이 된 노모가 세를 들었다. 주인 집 내외가 엄청난 실수를 저질렀다는 것을 알게 된 건 그로부터 채 2주일도 지나지 않아서였다. 노모가 치매에 걸린 분이란 걸 전혀 알지 못했기 때문이다.

노모는 정원수 가지를 가위로 싹둑싹둑 잘라 버리기도 하고, 한밤중에 아들과 며느리를 향해 고래고래 악을 써 대며 욕을 하기도 했다. 심할 때는 현관 쪽으로 화분이 날아들기도 했다. 노모가 2층 베란다에서 화분을 던져버린 것이다. 한 번은 집에 도둑이 들어왔다고 난리를 피우는 바람에 주인집 부부까지 잠에서 깨어 함께 소란을 떤 일이 벌어지기도 했다. 주인집 아내는 이사 오기 전에 미리 노모가 치매에 걸린 사실을 밝히지 않아 낭패를 보게 되었다며 2층에 따지러 올라갔다. 전세를 든 부부는 무조건 머리를 조아리며 양해를 구했다.

회갑이 지난 아들은 아침마다 노모를 휠체어에 앉히고 산책을 했다. 아침 산책을 빠뜨리지 않는 주인집 남자는 세든 남자와 자주 마주쳤고, 어느 날은 함께 산책하러 가기도 했다. 그러면서 차츰 그 집 형편에 대해 조금씩 알게 되었다. 어머니가 치매를 앓게 된 지난 5년 동안 그들 부부는 급기야 집까지 팔고 전셋집으로 옮기게 되었다고 했다. 2층에서는 날마다 노모 때문에 벌어지는 크고 작은 소란이 끊이질 않았고, 2층 부부의 딱한 사정을 잘 알게 된 주인집 부부는 고민 끝에 방음 시설을 설치했다.

그토록 어려운 생활을 하는 가운데에도 얼굴 한 번 붉히지 않고 노모를 보살피는 2층 부부에게 존경심을 갖게 된 주인집 남자는, 어느 날 아침 산책길에 세 든 남자에게 물었다. "그 모진 상황에서도 자식 된 도리를 다할 수 있는 비결이 대체 무엇입니까?" 그러자 2층 남자는 진지하게 대답했다. "제가 죽을 때까지, 아니 어쩌면 죽어서도 잊을 수 없는 어머니의 은혜가 있기 때문이지요." 그러면서 세 든 남자는 자신의 어머니에 얽힌 이야기를 다음과 같이 들려주었다.

어머니는 콩 몇 톨을 낡은 편지 봉투에 싸서 소중하게 품고 다녔습니다. 어려운 일이 있을 때마다 콩을 꺼내어 들고 새로운 용기와 희망을 되찾고는 했지요.

당시 어머니 슬하에는 초등학교 3학년, 1학년인 두 사내아이가 있었습니다. 아버지는 마흔도 되지 않은 나이에 바다에서 사고를 당해 세상을 떠났습니다. 고깃배를 타며 식구들의 생계를 책임지던 아버지가 돌아가시자 가정 형편이 매우 어려워졌습니다. 어머니는 주위 사람들로부터 자식들을 부잣집에 양자로 보내라는 말까지 들어야 했습니다. 그럴 때 어머니는 "제 뱃속으로 나온 자식을 누구에게 준다는 말입니까? 아이들 아버지가 저승에서 그 사실을 알면 제대로 눈을 감지도 못할 것입니다."라면서 다시는 그런 말을 꺼내지도 못하게 했습니다.

마침내 어머니는 고향을 떠나 아이들과 함께 도시로 떠나왔습니다. 아무런 연고도 없는 도시로 떠나온 세 식구는 무허가 판자촌에 자리를 잡았습니다. 어머니는 생계를 잇기 위해 험난한 생활 전선에 뛰어들었습니다. 새벽에 집을 나서서 회사 사무실 청소를 하고, 낮에는 재래시장에서 좌판을 펼쳐놓고 장사를 했으며, 밤이 되면 식당에 나가 설거지를 했습니다.

그러다 보니 집안일은 자연히 초등학교 3학년인 맏이가 맡게 되었습니다. 고달픈 생활을 지속하는 가운데, 어머니는 잠잘 겨를도 없이 열심히 일했습니다. 그렇지만 생활은 여전히 어렵기만 했고, 어머니는 하루에도 열두 번씩 삶을 포기하고 싶은 생각이 들었지만 어린 자식들의 얼굴을 보며 마음을 다잡고는 했습니다.

도시 생활에 지친 어머니는 어린 자식들을 데리고 고향으로 돌아갔습니다. 어머니는 배가 들어오는 부두로 나가 생선을 받아 파는 일을 시작했습니다. 돈벌이는 역시 신통치 않았습니다. 어머니는 생선이 담긴 함지박을 머리에 이고 이 동네 저 동네 돌아다니며 억척스럽게 생선을 팔았습니다. 그것은 몸이 왜소한 어머니에게는 정말이지 너무나 힘겨운 일이었습니다. 자식들이 보기에도 어머니가 그 무거운 함지박을 머리에 이고 다니는 게 신기할 정도였습니다.

어머니가 갖은 고생을 하며 벌어들이는 수입으로 생활할 수밖에 없었으니 끼니를 때우기도 힘든 형편이었습니다. 식사를 하면서 한 번도 제대로 양껏 먹어 보지 못한 어린 동생은 먹을 것만 보면 체면 차리지 않고 달려들기 일쑤였습니다. 맏이도 겉으로 드러내지 않았을 뿐 배가 고픈 건 동생이나 마찬가지였습니다. 아무리 철이 들었다지만 배고픈 것까지 참을 수는 없었습니다.

형제가 생각하기에 참 이상한 일이 있었습니다. 어머니는 식사 때마다 언제나 밥을 반 그릇씩 남기는 것이었습니다. 자식들 밥그릇과 크기도 같고 밥을 퍼 담은 분량도 똑같은데 말입니다. 더 이상한 건 그렇게 남긴 밥을 절대로 자식들에게 주지 않는다는 것이 었습니다. 동생이 그렇게 먹고 싶어서 숟가락을 들고 달려들어도 조상님을 위해 뿌릴 것 이라며 얼른 상을 치워 버렸습니다. 그때마다 숟가락을 들고 어머니 앞으로 달려갔던 동생은 소리 높여 울음을 터뜨리곤 했습니다.

그러던 어느 날 아침이었습니다. 평소보다 조금 적은 양의 식사를 하던 때였습니다. 어머니께서 남긴 밥을 절대로 주지 않는다는 것을 잘 알고 있던 동생이 그날은 유난히 악착을 떨며 어머니가 남긴 밥을 탐하는 것이었습니다. 어머니는 여느 때처럼 급히 상 을 들고 일어났습니다. 동생도 만만찮았습니다. 동생은 상다리를 죽기 살기로 붙들며

어머니의 밥그릇을 낚아채려 발버둥을 쳤습니다. 그 바람 에 상을 든 어머니의 몸이 한 쪽으로 기우뚱하면서 밥그릇 이 엎어져 버렸습니다. 그런데 어머니의 밥그릇 속에서 쏟아 져 나온 건 밥이 아니라 큼지 막한 무 토막이었습니다. 방 바닥으로 튕겨 나온 무 토막 을 본 어머니의 얼굴에 낭패 감이 어렸습니다. 밥그릇 깊 숙한 곳에 쑥 들어가 밥이 많 아 보이게끔 모양을 내어 깎 은 그 무 토막 위에는 밥알이 몇 알만 붙어 있었습니다.

어머니는 형제를 부둥켜안 고 한참 동안 눈물을 흘렸습 니다. 어머니는 "이 지긋지긋

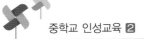

한 가난을 벗어나기 위해서는 어떤 일이 있어도 열심히 공부해야 한다"고 당부를 했습니다. 어머니는 생선 장사 외에도 과일 장사, 고추 장사, 마늘 장사 등을 닥치는 대로 하며 자식들 뒷바라지를 했습니다.

맏이가 중학교를 졸업하자 외할아버지는 "먹을 것도 없는데 공부가 다 뭐냐? 고생하는 네 어머니 생각도 좀 해라" 하며 철공소로 데려갔지만, 뒤늦게 이 사실을 알고 득달같이 달려온 어머니는 어떤 일이 있어도 자식들을 공부시킬 것이라며 맏이의 손을 이끌고 철공소를 나왔습니다. 맏이를 고등학교에 진학시킨 뒤에도 어머니는 행상과 삯바느질과 온갖 일을 닥치는 대로 했습니다.

그렇게 두 자식을 도시에 있는 대학으로 보낸 어머니가 고향에서 홀로 지내던 때였습니다. 맏이가 방학을 맞아 고향으로 내려갔는데 어머니가 계셔야 할 단칸방이 텅 비어 있었습니다. 친척과 동네 사람들 누구도 어머니의 행방을 몰랐습니다.

백방으로 수소문한 끝에 찾아낸 어머니는 아무도 모르는 곳에서 식모살이하고 있었습니다. 다달이 부쳐준 학비는 어머니가 허리가 휘도록 남의 집 식모살이를 하고 받은 한숨이며 고통이었습니다. 이렇게까지 하면서 없는 살림에도 불구하고 두 아들을 남부럽지 않게 키운 강인한 어머니였습니다.

대화를 나누던 두 사람의 눈가에 뜨거운 눈물이 흘러내렸다. "이런 어머니를 제가 어떻게 잊을 수 있겠습니까? 제가 치매에 걸린 어머니를 이렇게 보살피는 것은 어머니의 은혜에 조금이라도 보답하라는 하늘의 뜻이라고 생각합니다."

햇살이 따스하게 내리쬐는 봄날, 휠체어에 앉은 아흔을 앞둔 어머니와 머리에 희끗희끗하게 서리가 내린 아들이 도란도란 이야기하는 모습은 마치 정다운 연인이 대화를 나누는 것 같았다. "어머니 봄이 한창이네요. 화창한 날씨처럼 어서 어머니 병이 나아 예전의 인자하고 자상한 모습으로 돌아왔으면 좋겠어요." 아들은 어머니가 이 세상에 머무는 시간이 다할 때까지 어머니를 보살피는 일을 마다하지 않으리라 다짐한다.

– 윤문원 ≪엄마가 미안해≫ 중에서

정리하기

◉ 효는 자식이 부모님을 섬기는 도리이다.

◉ 부모가 자식을 사랑하고 자식이 부모에게 효도하는 것은 당연한 행위이다.

◉ 부모님에게 효도할 때는 정성과 공경을 바탕으로 해야 한다.

◉ 부모님이 기뻐하면 집안이 화목해지면서 가족 간에 사랑이 깊어진다.

◉ 효는 마음에서 우러나와서 해야지 억지로 할 수 없고 억지로 해서도 안 된다.

◉ '내리사랑'이란 말은 위로 효도하는 데는 어렵고 아래로 자식 사랑은 쉽다는 뜻이다.

◉ 가족 간에 자신의 위치를 인식하고 의무를 다하는 자세가 필요하다.

◉ 가족은 부모와 자녀가 함께 만들어가는 운명 공동체이다.

◉ 가족에게 더 많은 친절과 배려를 행동으로 보여야 한다.

◉ 행복한 가족관계를 형성하기 위해서는 사랑하는 마음의 표현과 배려를 해야 한다.

◉ 가정은 생명의 산실이며 행복의 원천이다.

◉ 가정의 화목을 이루는 지혜를 발휘해야 한다.

◉ 행복한 가정을 이루기 위해서는 부모는 자식을 사랑하고, 자식은 부모에게 효도하며, 형제자매 간에는 우애 있게 지내야 한다.

◉ 가정은 세상 어느 곳에서도 찾아볼 수 없는 따뜻함과 편안함을 제공하는 곳이다.

◉ 행복한 가정이야말로 최고의 학교이며, 사랑이 가득 넘치는 가족보다 더 위대한 교사는 없다.

확인하기

1 내가 지금 실천하고 있는 효도를 적어 보세요.

_____

_____

2 '내리사랑'의 뜻을 적어 보세요.

_____

_____

2 나의 아버지에 대한 자랑거리를 적어 보세요.

_____

_____

3 나의 어머니에 대한 자랑거리를 적어 보세요.

_____

_____

4 내가 지금 가족의 우애와 행복한 가정을 위해 실천하고 있는 내용을 적어 보세요.

_____

_____

5 별지에 부모님께 드리는 편지를 써 보세요.

정답 1. 각자 작성 2. 효도하기는 아래로 자식 사랑은 윗다는 뜻이다. 3~5. 각자 작성

3 정직

📖 **학습목표**
• 정직의 중요성을 인식하고 실천 방법을 말할 수 있다.
• 정직과 관련한 양심의 가치를 설명할 할 수 있다.
• 정직으로 얻는 신뢰의 기능을 이해할 수 있다.

✈ 정직한 삶

정직은 개인 생활 영역에서 갖춰야 할 기본적인 인성덕목이다. 정직은 마음이 곧고 바른 상태에서 꾸밈이 없이 솔직하고 진실하게 행동하는 것이다. 말과 행동의 일치이며 자신과 상대방을 속이지 않는 것을 의미한다.

정직은 남에게 보여주기 위한 것이 아니라 자기 스스로 마음먹고 행하는 것이다. 마음이 바르고 곧은 상태에서 사실대로 말하고 진실하게 행동하는 것이다. 정직한 사람은 마음먹은 것과 표현하는 말이 같으며 이에 따른 행동도 일치한다. 자신을 과대 포장하거나 사실을 과장하지 않는다. 정직한 사람은 열린 사고를 가지고 투명하게 행동한다.

정직한 사람은 자신감이 있고, 자긍심이 강하다. 자기 자신에게 부끄럽지 않겠다고 마음먹고 행동하기 때문이다.

인간관계의 기본은 정직이다. 정직과 신뢰는 불가분의 관계이다. 정직한 사람은 믿을만한 사람, 인격자로 평가되어 신뢰를 얻게 되므로 좋은 인간관계를 맺을 수 있다.

정직하다는 것은 진실하다는 것이다. 진실하다는 것은 거짓이 없는 바른 마음을 가지고 바르게 행동한다는 것이다. 잘못을 저

59

지른 경우에 솔직하게 시인해야 한다. 잘못을 숨기려고 거짓말을 하면 더 큰 낭패를 당한다.

거짓말은 정직성, 진실성, 솔직함을 훼손하는 것이다. 거짓말을 포함한 거짓 행위는 일종의 죄이며 비열한 짓이다. 언젠가는 탄로나기 마련이므로 바보스러운 짓이다.

거짓을 행하면 양심의 소리에 자기 자신이 괴롭다. 탄로 날까봐 불안에 떨게 되며 탄로나면 부정직한 사람으로 낙인찍힌다. 정직하지 못한 어떤 변명도 정당화될 수 없다. 어떤 상황에서나 정직해야 한다.

과장은 호기심을 불러일으키지만, 거짓말과 가깝다. 나중에 과장한 내용이 이루어지지 않았을 경우에 상대방은 실망하게 되고 그 과장한 사람을 하찮게 여기게 된다. 과장하지 말아야 진실을 손상하지 않고 분별력도 지킬 수 있다. 과장으로 인해 실없는 사람으로 취급받지 말아야 한다.

 계속된 거짓말의 비참한 결과

• 계속된 거짓말의 결과는 어떻게 되었을까?

고대 중국 포나라 왕이 주 왕실에 중죄를 지어 나라에서 제일 예쁜 미녀를 바치고 죄를 용서받게 되었는데 그 미녀 이름이 포사였다. 주나라 12대 유왕은 포사에게 처음부터 빠져버렸지만, 포사는 웃음이 없었다. 유왕은 포사를 웃게 만들고 싶었지만 웃지를 않으니 마음이 답답해져서 "어떻게 해야 그대가 웃을 수 있겠소" 하고 물었다.

그러자 "비단 찢는 소리를 들으면 기분이 좋을 듯하옵니다"라는 대답을 듣고 비단을 무더기로 가져다가 힘센 궁녀를 시켜 찢게 하자 빙그레 웃는 정도였다. 유왕은 매우 기뻐서 계속해서 비단을 찢게 했다. 이렇게 하다 보니 궁중의 비단이 모두 바닥이 나자 신하들에게서 징발해 계속 찢었다.

그러던 어느 날, 실수로 봉화대에 봉화가 올랐다. 봉화를 올리는 것은 군사를 왕궁으로 모으는 신호였다. 릴레이식으로 봉화가 올라가자 지방 영주들이 전쟁이 터진 줄 알고 군사들을 이끌고 왕궁으로 모였다.

양심을 발휘해야 장기적으로 이득을 가져올 수 있다. 양심을 발휘해야 할 때 발휘하지 않으면 모래 위에 집을 짓는 것과 같아서 무너지고 만다. 양심에 따른 정직은 요령을 피우지 않는 것이다. 그것이 현명하고 효율적이다.

 정직으로 얻는 신뢰

신뢰는 내가 타인에 대해, 타인이 나에 대해 좋은 감정을 갖는데서 생긴다. 이는 좋은 감정을 가지도록 행동을 했기에 거둬들이는 성과물이다. 타인에 대한 나의 믿음, 나에 대한 타인의 믿음을 심어주고 그 대가로 얻는 신뢰는 나와 타인의 마음을 사로잡는 감정으로서 인간관계를 돈독하게 한다.

🎤 신뢰를 얻은 왕

• 왕은 어떤 방식으로 신뢰를 얻었을까?

> 고대 중국에 명마 수집이 취미인 왕이 "돈은 얼마든지 줄 테니 뛰어난 명마를 찾아오라"고 명령했다. 신하들은 방방곡곡에 수소문을 했지만 백성들은 '과연 왕이 말 한 마리에 엄청난 돈을 줄까' 의심하면서 누구도 자신의 말을 선뜻 팔려 하지 않았다.
>
> 참다못한 왕은 가장 총명한 신하를 불러 지시했다. 그는 왕의 지시를 받고 다음 날 한 마을에 가서 죽어버린 말을 많은 돈을 주고 샀다. 그리고 요란한 치장을 한 다음 궁궐까지 행렬을 만들어 보냈다.
>
> 그러자 백성들 사이에서 왕이 명마라면 죽은 말까지도 많은 돈으로 사들인다는 소문이 순식간에 퍼졌고 며칠 안 되어 뛰어난 말이란 말은 모두 궁궐로 몰려들었다. 백성들은 왕이 한 말대로 실천한다는 것을 믿게 되었기 때문에 직접 자신의 말을 몰고 왔던 것이다.

정직해야 한다. 사람들은 자신의 말에 책임을 지는 사람을 신뢰한다. 누구라도 말과 행동이 일치하는 사람이라야 비로소 신뢰하게 되는 것이다.

먼저 자신을 신뢰해야 한다. 자신을 신뢰하지 않는 사람에게는 남들도 신뢰하지 않으므로 남의 신뢰를 바라서도 안 되고 남들로부터 신뢰를 받을 수도 없다. 나 스스로 신뢰받을만하다고 생각되어야 남도 나를 신뢰한다. 스스로 생각하기에 나를 신뢰할 수 있는 합리적인 수준을 갖추어야 한다.

남을 신뢰하면 남도 나를 신뢰하게 된다. 나를 믿게 하려면 남을 믿어야 한다. 남을 잘 믿지 못하는 사람은 자기 자신 역시 다른 사람으로부터 신뢰받지 못하고 있다는 사실을 알아야 한다.

인간관계에는 상호 신뢰가 전제되어야 한다. 신뢰가 없으면 인간관계의 기반이 지탱될 수 없으며 무너지고 만다. 신뢰는 인간관계에 있어서 매우 중요하며 좋은 인간관계의 원동력이다. 신뢰하는 사람에게 매력을 느끼고 그 사람이 말하거나 주장하는 것에 대하여 지지하고 받아들인다. 신뢰를 쌓는 것이 인간관계를 잘하고 발전시키는 비결이다. 서로에게 믿음을 주면서 신뢰를 쌓아가야 한다.

신뢰할만한 사람이 되기 위한 기본은 일상생활의 아주 작은 일에서부터 바른 생각을 가지고 성실하게 살아야 한다. 약속을  잘 지키고 말과 행동이 일치해야 하며, 거짓말을 하지 않고 진실성과 진정성을 가지고 있어야 한다. 독선과 아집을 부리지 말고 사과해야 할 때 진정한 마음으로 사과해야 한다.

📚 정직 명언

• 남들을 정직하게 대하는 것은 그들을 존중한다는 뜻이자 자신을 존중한다는 뜻이기도 하다. 게다가 정직은 일을 훨씬 더 간단하게 만들어준다. _앤드류 매튜스

• 정직과 성실을 그대의 벗으로 삼으라! 아무리 누가 그대와 친하다 하더라도 그대의 몸에서 나온 정직과 성실만큼 그대를 돕지는 못하리라. 남의 믿음을 잃었을 때에 사람은 가장 비참한 것이다.
_벤저민 프랭클린

• 정직한 사람은 신이 만들어 낸 훌륭한 작품이다. _알렉산더 포프

• 거짓은 거짓으로, 정직은 정직으로 보답한다. 상대방의 정직함을 바라거든 이쪽에서도 정직함을 표하라. _토마스 만

• 사람이 사는 이치는 정직이니, 정직하지 못한 것은 요행히 형벌을 면하고 있는 것일 뿐이다. 부정직함은 주변을 속일 수 있어도 하늘은 속이지 못한다. _논어

• 해로운 생각은 다른 생각으로 맞서 싸워야 한다. 거짓은 진실로 맞서 싸워야 한다. _윌리엄 더글라스

• 양심은 스스로 돌아보아 부끄럽지 않다는 자각을 갑옷 삼아 아무것도 두렵게 하지 않는 좋은 친구다. _단테

• 아무도 신뢰하지 않는 자는 누구의 신뢰도 받지 못한다.
_제롬 블래트너

• 신뢰는 거울의 유리 같은 것이다. 금이 가면 원상태로는 돌아가지는 않는다. _헨리 F. 아미엘

<인생은 아름다워>

파시즘과 나치즘이 맹위를 떨치던 1939년 이탈리아. 유대계 이탈리아인인 귀도(로베르토 베니니 분)는 호텔에서 웨이터로 일하면서 초등학교 교사인 도라(니콜레타 브라스키 분)를 운명처럼 만나 행복한 가정을 꾸민다. 귀여운 아들 조슈아(조르지오 깐따리니 분)가 있고, 서점을 하면서 그들은 더할 나위 없이 행복하다.

그러나 1944년, 이들 가족에게 닥쳐온 불행! 아들 조슈아의 생일날, 나치에 의해 아들과 함께 유대인 수용소로 끌려가면서 귀도가 조슈아에게 "이건 아빠 엄마가 몇 달 동안 고민했던 네 생일 선물이야. 깜짝 놀라게 하려고 말을 안 했지, 어디로 가는지도 비밀이야" 하면서 안심시킨다. 아내 도라는 유대인이 아니면서도 자원하여 그들의 뒤를 따른다.

귀도는 수용소에 도착한 순간부터 조슈아를 속인다. "우리는 지금 굉장히 재미있는 게임 중이야. 1,000점을 먼저 따면 이 게임은 끝나고, 이긴 사람에게 탱크를 주지. 다들 일등을 하고 싶어서 너에게 거짓말하는 거니까 절대 속으면 안 된다."

조슈아는 아버지 귀도의 거짓말 덕분에 구김살 없이 지낸다. 아내 도라는 여자 수용소에서 지내고 있다.

마침내 독일의 패망이 다가오자 나치는 증거 인멸을 위하여 수용소에 있는 사람을 차례로 처형하기 시작한다. 귀도가 조슈아에게 "1,000점을 채우기 위해서는 마지막 숨바꼭질 게임에서 독일 군인에게 들키지 않아야 해"라고 말한다. 그러자 조슈아는 하루를 꼬박 나무궤짝에 숨어서 날이 밝기를 기다린다. 혼란의 와중인 수용소 안에서 아내 도라를 찾는 귀도는 독일 군인에게 발각되어 붙잡힌다. 나무궤짝에 숨어서 이를 지켜보는 아들 조슈아를 안심시키기 위하여 아버지 귀도는 나무궤짝을 향해 윙크하고 병정놀이 하듯 과장된 걸음걸이로 골목으로 끌려가 사살 당한다. 어린 아들을 위해 어떤 상황에서도 웃음을 잃지 않는 아버지 귀도의 모습이 가슴을 찡하게 한다.

• 귀도가 죠수아에게 하는 선의의 거짓말에 대해 정직의 관점에서 어떻게 생각하는가?

◉ 정직은 꾸밈이 없이 솔직하고 진실하게 행동하는 것이다.

◉ 정직은 말과 행동의 일치이며 자신과 상대방을 속이지 않는 것이다.

◉ 인간관계의 기본은 정직이다.

◉ 정직하다는 것은 진실하다는 것이다.

◉ 거짓말과 거짓 행위는 죄악이며 비열한 짓이다.

◉ 과장은 호기심을 일깨우고 욕망을 자극하지만, 거짓말과 가깝다.

◉ 부정직한 사람과는 가까이해서는 안 된다.

◉ 양심은 자기 스스로에게 내리는 도덕적 명령이다.

◉ 양심은 자기 스스로 옳은 것을 실천하게 하는 마음이다.

◉ 인간으로서 양심적인 행동을 하는 것은 마땅하고 당연한 일이다.

◉ 양심적인 행위는 자발적으로 자신을 위해 하는 것이다.

◉ 양심에 따른 정직은 요령을 피우지 않는 것이다.

◉ 정직해야 사람들이 신뢰한다.

◉ 먼저 나를 신뢰해야 남도 나를 신뢰한다.

◉ 남을 신뢰해야 남도 나를 신뢰한다.

◉ 인간관계에는 상호 신뢰가 전제되어야 한다.

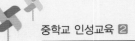

확인하기

1 정직한 삶이란 어떤 것인지 서술하시오.

....

....

2 다음 글을 읽고 이를 나타내는 그림을 그려 보세요.

> 사람은 누구나 마음속의 별인 양심을 가지고 태어난다. 그 별은 정직하고 진실 되게 살아갈 때마다 환하게 빛을 발한다. 거짓되고 나쁜 행동을 하면 그 별은 빙빙 돌아간다. 그럴 때마다 날카로운 별의 모서리가 콕콕 찌른다. 사람은 그 아픔 때문에 반성을 한다.

3 빈칸에 적절한 단어를 기입하세요.

(   )은 호기심을 일깨우고 욕망을 자극하지만, 거짓말과 가깝다.

4 남들로부터 신뢰할만한 사람으로 평가받기 위한 행동을 적어 보세요.

....

....

4 책임

📖 학습목표 • 책임지는 자세를 이해하고 설명할 수 있다.
• 솔선수범하는 자세를 이해하고 설명할 수 있다.
• 책임과 관련한 성실, 의무, 질서, 환경보호를 설명할 수 있다.

✈ 책임지는 자세

성공에는 기여를 내세우는 사람이 많지만,
실패는 책임을 떠넘기는 사람이 많다.

– 러시아 속담

🎤 빵 만드는 정성

• 청년이 제빵사 채용 시험에 합격한 이유는 무엇일까?

한 유명한 빵집에서 제빵사 채용 공고를 냈다. 채용 방법은 빵 만드는 기술과 빵을 만드는 자세에 대한 필기시험이었다. 한 청년 응시자는 빵은 곧잘 만들었지만, 글을 쓰는 재주는 없어 합격하기는 어려울 것으로 생각했다. 그런데 얼마 뒤, 합격했다는 연락이 왔다. 청년은 기뻤으나 필기시험을 잘 못 보았는데도 합격한 것이 의아했다.

다음날 청년이 빵집에 출근하여 합격한 이유를 묻자 빵집 사장은 미소를 띠며 말했다.

"시험 문제 '빵을 만드는 데 가장 중요한 것은 무엇인가'에 자네는 '정성'이라고 썼더군. 바로 그것 때문에 자네를 뽑았네. 빵 만드는 기술도 중요하지만 빵을 만드는 자세가 더 중요하지. 자세만 되어 있으면 기술은 얼마든지 배워서 향상시킬 수 있는 거야. 빵을 만드는 데 쏟는 '정성'은 바로 손님에 대한 책임감으로 최선을 다하는 자세야."

71

인간에게는 누구에게나 각자의 위치에서 맡은 일이 있다. 또한 인간은 자유와 권리가 주어져 있다. 자신이 맡은 일에 대해서는 책임이 있고, 자유와 권리에 따른 책임이 있다. 그리고 인간은 누군가의 친구, 연인, 가족, 이웃, 동료로서 관계를 맺고 있으므로 이들에 대한 책임이 있다. 우정, 사랑, 부부애, 가족애, 동료애는 책임과 신뢰를 기반으로 한다. 이들에 대한 무책임한 태도나 언행은 우정을 해치고 사랑을 깨뜨리고 부부관계를 훼손하고, 가족을 해체하며 동료에게 피해를 준다.

인간이 자신에게 주어진 몫의 책임을 다하는 것은 고귀한 행위이며 개인과 공동체 유지 발전을 위한 기본 핵심가치이다. 책임감은 자신의 임무에 대하여 자신이 해야 할 일이라고 여기는 마음가짐이며, 잘못된 경우에는 "내 탓이요" 하면서 자신의 책임으로 돌리는 자세이다.

인간은 책임을 다하려는 자세와 행동을 통해 성장한다. 자신의 임무에 대한 책임감을 통해서 최선을 다한다. 학생은 본분인 학업에 대한 책임감에서 열심히 공부하며, 가장은 가족에 대한 책임감에서 열심히 일하고 저축하며, 경영인은 회사 발전과 직원들에 대한 책임감에서 최선을 다하고, 위정자는 국민을 편안하게 해야 한다는 책임감에서 좋은 정책을 펴기 위해 노력하는 것이다

잘한 일은 혼자 차지하고 잘못한 일은 다른 사람에게 떠넘기는 것은 비겁한 행위이다. 남 탓은 성장과 행복의 기회를 빼앗아간다. 자신이 책임지는 일에 잘한 일이 있으면 공정하게 나누고 잘못한 일은 자신이 책임지는 자세를 취해야 한다.

솔선수범하는 자세

릴리 톰린 어록

> 나는 '왜 누군가 그 일을 하지 않을까' 하고 항상 생각한다. 하지만 내가 바로 그 '누구'에 속한다는 것을 곧 깨닫게 된다.

릴리 톰린
(Lily Tomlin, 1939~)
미국 영화배우.

삶을 영위하면서 앞장서서 모범을 보이는 솔선수범의 자세는 중요하다. 인간은 어떤 공동체이든 속해 있기 마련이므로 공동체의 일원으로서 자신이 할 수 있는 일을 솔선수범하는 자세는 공동체 유지와 발전을 위해 필요불가결하다. 자신이 하는 일을 소중하게 생각하고, 자신이 갖춘 모든 능력을 발휘해야 한다.

말만 해서는 안 된다. 솔선수범만 한 가르침은 없다. 행동이나 실천 없이 말로만 해서는 아무 소용이 없다. 자신이 하는 행동은 주위 사람에게 영향을 미치므로 올바른 행동 기준을 마련하고 지켜야 한다. 자신이 최선을 다하는 행동을 하면 주위 사람들도 최선을 다하고, 자신이 헌신하는 모습을 보이면 이들도 헌신한다. 도덕적이고 관대하며 정직하고 신뢰할 수 있는 사람이 되어야 한다.

의무

스티브 잡스 어록

> 때로 세상이 뒤통수를 치더라도 결코 믿음을 잃지 말아야 한다. 내가 계속 나아갈 수 있었던 유일한 이유는 내가 하는 일을 사랑했기 때문이었다. 사랑하는 일을 찾아야 한다. 사랑하는 사람이 내게 먼저 다가오지 않듯이 일도 그런 것이다. 일이 인생의 대부분을 차지한다. 거대한 시간 속에서 진정한 기쁨을 누릴 방법은 스스로가 위대한 일을 한다고 자부하는 것이다.

스티브 잡스(Steve Jobs, 1955~2011)
미국의 기업인. 애플을 창업하여 혁신적인 기술과 디자인으로 선풍을 일으킴.

73

자신의 하는 일이 고귀한 것인지, 하찮은 것인지는 남이 정해 주는 것이 아니다. 자신이 하는 일을 고귀하게 만드는 것은 자신이 마음먹기에 달려있다. 어떠한 일이든 사명감과 책임감을 가지고 진심으로 헌신하고 노력한다면 그 일은 세상에서 가장 고귀한 일이 될 수 있다.

인간은 혼자 사는 존재가 아니므로 공동체의 일원으로서 의무감을 갖는 것은 지극히 당연한 일이다. 의무감은 공동체의 유지 발전을 위해서 반드시 갖추어야 한다.

인간은 세상에 태어나서 가족과 사회와 국가 등의 공동체와 구성원들의 도움을 받으면서 살아가고 있다. 자신의 여건과 형편과 능력에 따라 가족과 사회와 국가에 이바지해야 하는 사회 규범이 의무이고 이를 느끼는 개인의 감정이 의무감이다.

사명감을 가진 청소부

• 미국 항공 우주국의 이 청소부는 어떤 마음으로 근무하는 것일까?

미국의 제35대 대통령 존 에프 케네디가 미국 항공 우주국 (NASA)을 방문했을 때 있었던 일화이다. 대통령이 로비를 지나다 콧노래를 부르며 즐겁게 바닥을 닦고 있는 청소부에게 다가가 물었다. "아니, 청소하는 일이 그토록 즐겁습니까?"

그러자 청소부가 대통령에게 자신 있게 대답했다. "대통령님, 저는 평범한 청소부가 아닙니다. 인류를 달에 보내는 일을 돕고 있습니다."

의무감은 고결한 태도로서 일시적인 감정이 아니라 생활 전반에 널리 걸쳐 있는 원칙이다. 행동과 행위로 나타나고 인간의 양심과 자유의지에 의해 결정된다. 일상생활에서 단호히 행동하고 자발적으로 노력해야 하는 것이 의무인 것이다.

의무는 인생 전체를 둘러싸고 있으며 출생과 동시에 시작된다. 의무의 영역은 삶의 단계마다 존재한다. 자신의 위치에서 자신의 의무를 정확히 이해하고 충실히 이행해야 한다.

🛩 자신에 대한 책임 : 성실

🎙 파울로 카잘스의 연습

• 95세인 파블로 카잘스가 하루 여섯 시간씩 연습하는 이유는 무엇일까?

> 파블로 카잘스가 이룬 음악적 업적 중 유명한 것은 첼로 연습곡으로 취급받고 있던 바흐의 〈무반주 첼로 모음곡〉을 재발굴한 것이다. 그가 13세 때 중고 악보 상점을 뒤지던 중 이 곡의 악보를 발견하고 오랜 세월에 걸쳐 연주법을 연구하여 곡의 위상을 드높였다.
>
> 그가 95세 때 한 기자가 "선생님께서는 가장 위대한 첼리스트로 평가 받고 있는데, 아직도 하루에 여섯 시간씩 연습을 하셔야 합니까"라고 질문하자 "왜냐하면 연습을 해야 실력이 유지되고 좋아지기 때문입니다"라고 대답했다.

파블로 카잘스(Pablo Casals, 1876~1973) 스페인의 첼로 연주자, 지휘자.

근면 성실함 그 자체가 자신에 대한 충실한 행위로서 자신에게 책임을 지는 행동이다. 말과 행동에 일관성이 있으며 타인에게 믿음을 주는 근면 성실은 삶을 영위하는 견인차이다. 삶은 땀을 먹고 자란다. 근면하고 성실한 노력을 기울이지 않고는 어떤 것도 이룰 수 없다. 수확의 기쁨이 흘린 땀에 정비례하듯이 성실함의 결과로 얻어지는 성과의 기쁨 없이는 참된 행복을 누릴 수 없다.

떨어지는 물방울이 단단한 돌에 구멍을 내듯이 열심히 노력하는 성실함을 통해 바라는 일을 성취한다.

사람은 어떤 상황이나 환경에서도 항상 자신에게 주어진 일에 최선을 다하며 살아야 한다. 비록 현재 상황이 어렵더라도 성실한 자세를 보이면 좋은 상황이 왔을 때 더 많은 성취를 거둘 수 있게 된다.

🖋 사회에 대한 책임 : 질서 준수

질서가 지켜지면 자유롭고 안정적인 생활이 보장되지만 무질서한 상황에서는 혼란과 불안이 가중된다. 높은 질서 의식을 갖는 것이 공동체의 유지와 발전을 위한 요체다. 성숙된 질서의식으로 행복한 사회생활을 영위해야 한다.

질서는 단순히 순서나 차례를 지키는 것이 아니라 타인을 의식하고 배려할 줄 아는 마음가짐으로 자신이 스스로 행동을 삼가고 다스리는 것이다. 사회생활에서 질서와 공중도덕이 지켜지지 않고 무너지는 것은 타인을 의식하지 않고 자신만의 이득을 앞세우기 때문이다. 개인의 삶이 곧 공동체의 삶이라는 의식을 가지고 상생 공동체 사회를 위한 행동을 실천에 옮겨야 한다.

질서는 생활의 뿌리이며 질서를 잘 지키는 것은 바로 자신의 인격과 직결된다. '나부터 먼저'와 '자신을 위해'라는 마음가짐으로 질서에 대한 높은 의식 수준을 갖추고 걸맞은 행동을 해야 한다.

질서 의식은 아주 작은 공중도덕 실천과 기초질서를 지키는 것에서부터 출발한다. 공중도덕은 모든 사람이 지켜야 할 사회도덕이며 기초질서란 쓰레기 무단 투기 하지 않기, 음주 소란 피우지 않기, 담배꽁초 함부로 버리지 않기, 무단횡단하지 않기 등과 같이 살아가면서 가장 기본적으로 지켜야 하는 질서다.

공중도덕과 기초질서는 기본 질서임에도 불구하고 '나 하나쯤이야' 하는 안이한 생각으로 잘 지켜지지 않는 데, 몸에 배어 익숙해져 있으면 자연스럽게 실천할 수 있다. 나아가 준법정신으로 법을 지켜야 불행을 겪지 않는다. 공중도덕과 질서와 법 준수는 자신과 공동체의 안전과 행복을 위한 지름길이다.

🛩 자연에 대한 책임 : 환경 보호

환경은 삶과 직결되므로 환경에 대한 인식은 중요하다. 인간이나 동식물의 생존이나 생활에 절대적으로 영향을 미치는 자연이 오염되거나 파괴되지 않도록 환경을 잘 지키고 보호하는 일은 특정 국가만의 문제가 아니라 인류 전체의 과제라 할 수 있다.

환경오염은 문명의 발달에 따른 필연적 결과로 성장의 욕구와 이기심, 그리고 환경에 대한 인식의 결여에서 비롯되고 있다. 깨끗한 환경 보전은 인간의 삶의 질과 직결되므로 환경에 대한 철저한 인식의 바탕 위에서 해결의 실마리를 찾아야 한다.

환경이 오염되고 파괴되면 그 악영향은 고스란히 인간에게 되돌아오며 후손은 지속 가능한 삶을 위협받을 수밖에 없다. 자연환경은 조상들이 피와 땀으로 일구어낸 결과물이므로 우리 자신도 역시 환경을 보전하는 데 이바지하여 후손에게 물려주어야 한다. 중요한 것은 현재의 풍요가 아니라 건강한 삶이다. 인간과 자연의 공존이라는 인식을 공유하고 확산시켜 나가는 것이 환경 보호의 밑거름이다.

 **책임** 명언

- 삶을 스스로 만들고 개척해야 할 인간은 자신의 삶에 책임을 져야 할 실존적 존재이다. _사르트르

- 자기 책임을 방기하지 않고 또한 그것을 타인에게 전가하지 않는 것은 고귀한 일이다. _니체

- 군자는 제 잘못을 생각하고 소인은 남을 탓 한다. _공자

- 남을 책망하는 마음으로 자기를 책망한다면 허물이 작을 것이다.
  _명심보감

- 위대한 사람은 단번에 그와 같이 높은 곳에 뛰어오른 것이 아니다. 많은 사람들이 밤에 단잠을 잘 적에 그는 일어나서 괴로움을 이기고 일에 몰두했기에 가능한 것이다. 인생은 자고 쉬는 데 있는 것이 아니라 한 걸음 한 걸음 걸어가는 그 속에 있다. 성공의 일순간은 실패했던 몇 년을 보상해준다. _로버트 브라우닝

- 행복의 비밀은 자신이 좋아하는 일을 하는 것이 아니라 자신이 하는 일을 좋아하는 것이다. _앤드류 매투스

- 성실함의 잣대로 자신을 평가하라, 그리고 관대함의 잣대로 남들을 평가하라. _존 미첼 메이슨

- 질서란 아름다움이 좌우되는 모양이다. _펄 벅

- 사람에게는 동물을 다스릴 권한이 있는 것이 아니라, 모든 생명체를 지킬 의무가 있는 것이다. _제인 구달

읽기 자료

불태워진 원고

영국의 유명한 사학자인 토머스 칼라일은 2년에 걸쳐 수천 페이지에 달하는 ≪프랑스 혁명사≫ 원고를 탈고한 후 절친한 친구이자 철학자인 존 스튜어트 밀에게 감수를 부탁했다.

밀은 서재에서 원고를 검토하다가 피곤하여 원고를 그대로 놓아둔 채 침실로 가 잠을 잤다. 그런데 다음 날 아침 하녀가 서재를 청소하다가 방에 흩트려져 있는 원고지를 보고 쓰레기인 줄 알고 벽난로 속에 넣어 불태워 버렸다. 칼라일의 노력이 한순간에 물거품이 되고 만 것이다. 밀이 사색이 된 얼굴로 칼라일에게 가서 알렸다. 칼라일은 서너 달 동안을 실의에 빠져 아무 일도 할 수 없었고 삶의 의욕을 잃었다.

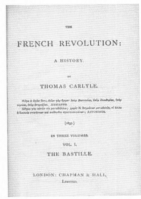

1837년에 간행된
≪프랑스 혁명사≫
초판본 타이틀 페이지

어느 비 오는 날, 그가 하염없이 창밖을 바라보고 있을 때였다. 비가 그치자 자기 집 앞에 새로운 집을 짓는데 일꾼들이 하나둘 나타났다. 그들은 터를 닦고 줄을 놓은 후 벽돌을 하나하나 쌓아나갔다. 그러다가 벽돌이 조금이라도 맞지 않으면 다시 허물고 다시 쌓고 하였다. 허물고 쌓는 일을 반복하면서 차근차근 벽돌 쌓는 것을 보던 칼라일은 무릎을 치면서 크게 깨달았다.

'집 한 채를 짓기 위해 벽돌공은 한 번에 한 장씩 벽돌을 쌓는다. 유럽의 역사를 다시 일으켜 세우기 위한 프랑스 혁명사를 쓰는 일에 다시 땀을 흘려야겠다.'

그는 지난번에 쓴 내용을 한 줄 한 줄 떠올리면서 원고 작성에 다시 매달려 마침내 오늘날 우리가 읽는 ≪프랑스 혁명사≫를 완성했다.

토머스 칼라일(Thomas Carlyle, 1795~1881)
영국의 역사가. 저서로는 ≪프랑스 혁명사≫ ≪영웅 숭배론≫ ≪과거와 현재≫ 등이 있음.

• 토마스 칼라일이 다 쓴 원고가 불탔음에도 원고를 다시 쓰게 된 원동력은 무엇일까?

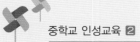

◉ 자신이 맡은 일에 대해서는 책임이 있고, 자유와 권리에 따른 책임이 있다.

◉ 인간이 자신에게 주어진 몫의 책임을 다하는 것은 고귀한 행위이다.

◉ 책임감은 자신의 임무에 대하여 자신이 해야 할 일이라고 여기는 마음가짐이다.

◉ 인간은 책임을 다하려는 자세와 행동을 통해 성장한다.

◉ 잘한 일은 혼자 차지하고 잘못한 일은 다른 사람에게 떠넘기는 것은 비겁한 행위
   이다.

◉ 자신이 할 수 있는 일을 솔선수범하는 자세는 공동체 유지와 발전을 위해 필요불
   가결하다.

◉ 말만 해서는 안 되며 솔선수범해야 한다.

◉ 인간은 공동체의 일원으로서 의무감을 갖는 것은 지극히 당연한 일이다.

◉ 자신의 위치에서 자신의 의무를 정확히 이해하고 충실히 이행해야 한다.

◉ 근면 성실함은 자신에 대한 충실한 행위로서 자신에게 책임을 지는 행동이다.

◉ 근면하고 성실한 노력을 기울이지 않고는 어떤 것도 이룰 수 없다.

◉ 질서를 준수하는 것은 공동체의 유지와 발전을 위한 중요한 요체다.

◉ 질서 의식은 공중도덕 실천과 기초질서를 지키는 것에서부터 출발한다.

◉ 인간과 자연의 공존이라는 인식을 공유하고 확산시켜 나가야 한다.

확인하기

1 지금 재학하고 있는 학년 동안 책임을 다하여 해야 할 일을 적어 보세요.

2 개인이 자신의 책임을 다하지 않을 때 공동체에 어떤 영향을 끼칠 것인지 적어 보세요.

(예 의사, 소방관, 경찰, 기관사 등)

3 솔선수범하는 자세는 어떤 것인지 서술하시오.

4 내가 생활 속에서 실천하는 환경 보호 활동에는 어떤 것이 있나요?

5 책임 명언을 만들어 보세요.

5 존중

🔖 **학습목표**
- 존중의 의미와 방법에 대해 이해하고 설명할 수 있다.
- 인권 존중의 의미와 사례를 설명할 수 있다.
- 인간관계에 있어서 존중의 필요성을 설명할 수 있다.

🛩 존중이란

존중은 공동체 유지와 발전을 위해 사람이 갖춰야 할 도덕적 요건이다. 자신에 대한 자긍심을 가지고 타인의 개성과 다양성을 인정하는 것이다. 이해하고 받아들이는 것이며 높이 받들고 소중하게 여기는 것이다.

존중은 인간이기 때문에 마땅히 존중해야 하는 '인권 존중'이 전제가 되며 이는 자신을 존중하는 '자기 존중'과 다른 사람을 존중하는 '타인 존중'으로 분류하며 이를 바탕으로 '상호 존중'이 이루어진다.

존중하는 사람은 마음이 넓은 사람으로 편협하지 않고 이해심이 많은 사람이다. 매력을 느끼게 하면서 인간관계가 원활하다.

🛩 인권 존중

인권이란 사람이 사람답게 살기 위해 마땅히 보장받아야 할 권리이다. 인권은 국적이나 인종, 성별, 종교 등에 관계없이 모든 인간이 존엄하게 살아가는 데 필요한 기본적 권리이다.

인권은 인간답게 살 권리이다. 모든 인간은 누구나 인간다운 삶을 살 권리를 가지고 태어났다. 인간다운 삶이란 인간으로서의 존엄성을 유지하며 사는 삶이다. 인간 존엄성이란 인간은 귀중하고 엄숙한 가치를 지닌다는 의미이다. 따라서 인간은 누구도 다른 사람의 권리를 함부로 침해하거나 사람을 부당하게 대우해서는 안 된다

인권은 인간의 존엄성을 인정하는 것이다. 인간은 존엄성을 지키고 지켜주어야 하는 존재이다. 자신의 인권에만 관심이 있고 다른 사람의 인권에 소홀히 해서는 안 된다. 자신의 권리가 소중하듯이 다른 사람의 권리도 마찬가지로 소중하다. 다른 사람의 권리를 존중하고 지켜주어야 하고 누구나 차별받지 않는 인간다운 삶을 누리는 사회를 만들어가야 한다.

 테레사 수녀와 한 노인

• 노인은 테레사 수녀에 대하여 어떤 마음을 가졌을까?

> 테레사 수녀가 어느 날 허름한 방에서 몸이 아파 신음하는 한 노인을 찾아가서 봉사했다. 그날 이후 테레사 수녀는 동료 수녀들과 함께 자주 그 노인의 집에 가서 집안일을 해주고 말벗이 되어 주었다. 2년 후 노인은 죽음을 앞두고 임종을 지켜보던 수녀에게 "테레사 수녀에게 전해 줘요. 테레사 수녀는 내 인생에 등불을 켜준 분입니다"라고 말했다.

마더 테레사(Mother Teresa, 1910~1997) 알바니아계 인도 국적의 로마 가톨릭교회 수녀. 1950년 인도 콜카타에서 〈사랑의 선교회〉를 설립하고 빈민과 병자, 고아, 그리고 죽어가는 이들을 위해 헌신함. 노벨평화상 수상.

사회적으로 소외받는 사람들에게 특별한 관심을 가지고 그들의 권리를 지켜준다면 인간 존엄성 사회의 실현에 한층 더 다가서게 될 것이다.

✈ 자기 존중과 자긍심

자기 존중은 자신에게 긍정적인 가치를 부여하는 것이다. 자신을 사랑하고 믿고 인정하면서 소중하게 여기는 것으로 자신에게 힘을 주는 마음가짐이다. 자신이 스스로 소중하다고 여기면서 자신을 믿고 사랑하면서 스스로 존중해야 한다.

자기 존중을 하면 긍정적인 자세로 '나는 할 수 있다'는 자신감을 가지고 꿈의 실현을 위해 노력하게 된다. 먼저 자신을 존중해야 다른 사람을 존중할 수 있고 다른 사람도 나를 존중하게 된다.

 내 자신을 믿어요.

- 아버지가 아들에게 강조하고 있는 것은 무엇일까?

"너는 네 자신의 능력을 믿으면서 스스로 존중하고 있다고 생각하니?"

아들이 제대로 답을 하지 못하고 우물거리자 아버지가 계속 물었다.

"네가 너 자신을 믿고 존중하지 않는다면 누가 널 믿고 존중하겠느냐?

아들은 약간 주춤거리며 대답했다.

"네, 믿어요. 제 자신을 존중해요."

인생에서 가장 중요한 대상은 바로 자기 자신이다. 높은 산과 바다의 거대한 파도와 굽이치는 강물과 광활한 태양과 밤하늘에 반짝이는 별보다도 더 귀한 존재는 바로 자기 자신이다. 자기 자신에 대한 사랑은 모든 일에 앞서 최우선으로 중요하다. 자기 사랑은 자신에 대한 믿음과 자기긍정, 자기존중, 책임감을 포함한다. 스스로 자신에게 힘을 주고, 인정하고, 사랑하는 자긍심으로 무장해야 한다.

스스로 자신에 대한 좋은 점들을 긍정하고 인정해야 한다. 자신이 실력이 있고 예의 바르고 활동적인 사람인 것으로 시각화해라. 자신의 좋은 이미지를 만들기 위해 노력해라. 그래서 자긍심을 번쩍번쩍 광나게 닦고 손질하여 강하고 확신에 차게 만들어라. 자신을 좋아하고 나아가 사랑하고 자신의 좋은 친구가 되어라. 그래야 자신을 계발하기 위해 최선을 다하게 된다.

만약 자신을 사랑하지 않는다면 어떻게 남을 사랑할 수 있으며 남들이 나를 인정하겠는가? 자신을 비하한다면 앞으로 나아갈 수 없다. 자신을 앞으로 나아가게 하는 힘은 자긍심이다. 자신을 사랑하지 않고 자신을 인정하지 않고 자신감이 없는데 좋은 결과가 나올 리 없다. 자신을 믿고 자신의 노력에 따라 결과가 나온다. "나는 할 수 있고, 잘 하고 있다"며 스스로를 격려하고 인정하고 사랑해야 한다. 그리고 스스로 자신의 상황에 맞는 칭찬하는 말을 선택해서 활용한다면 좋은 효과를 볼 수 있을 것이다.

★ 나 자신은 모든 면에서 좋아지고 있다.
★ 나 자신이 점점 더 발전하고 있다.
★ 내가 원하는 것이 내 손에 들어오고 있다.
★ 나는 지혜롭고 능력이 있는 사람이다.
★ 나는 친구들과 좋은 인간관계를 맺고 있다.
★ 나는 내가 하는 일에 계획을 세우고 이루기 위해 최선을 다하고 있다.
★ 나는 나 자신을 사랑한다.
★ 나는 행복을 느끼고 있다.

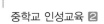
 타인 존중

타인 존중은 좋은 인간관계의 바탕이며 출발점이다. 상대방을 존엄성과 권리를 가진 사람으로 대우하면서 인간 존중의 정신을 발현하는 것이다. 상대방을 좋아하고 귀중하게 생각하고 믿으면서 상대방의 개성, 습관, 생각, 가치관, 감정 등에 관심을 가지고 이해하고 받아들이는 것이다. 상대방의 입장에서 사안을 바라보면서 상대방과 생각이 다르더라도 무시하지 않고 나름대로 인정해야 한다.

살면서 가족 간에, 친구 간에, 이웃 간에, 생활에서의 모든 인간관계에서 서로를 이해하고 존중하는 마음을 가져야 한다. 내가 타인을 존중하면 상대방도 나와 사귀기를 원하게 되면서 좋은 인간관계를 맺게 된다. 상대방이 나를 존중하면서 내가 말하거나 주장하는 것에 대하여 지지하고 받아들인다. 내가 소중하다면 당연히 다른 사람도 소중하다. 타인을 존중하고 아끼면 나 자신도 존중받을 수 있다.

보잘것없는 사람이라도 인격체로 대하는 사람이 진정한 인간이라 할 수 있다. 상대방이 어떠한 환경에 처해 있더라도 진정한 인격적으로 대하는 것이 타인 존중이다. 인간은 존재 그 자체만으로 존중받아 마땅하다. 조건 없는 존중이 흘러넘쳐야 한다. 존중하고 존중받는 사람이 되어야 한다.

🎙 다름을 인정하기

• 두 학생이 다투게 된 것은 어떤 마음의 부족에서 온 것일까?

> 학교 기숙사에서 같은 방을 쓰는 친구끼리 사소한 말다툼이 벌어졌다. 두 사람은 친구 사이라 같은 방을 배정 받았는데 같이 생활한 지 한 달도 지나지 않아 다툼이 일어난 것이다. 다투는 소리에 놀란 다른 방 학생들이 말려서 싸움으로 번지지는 않았다.
>
> 다툼의 발단은 슬리퍼 때문이었다. 문 앞에 슬리퍼를 벗어둘 때, 한 사람은 슬리퍼 앞쪽이 문 쪽을 향해야 했고, 다른 한 사람은 실내 쪽을 향해 놓는 습관이 있었고 그렇게 해야 마음이 편하다는 것이다.
>
> 나중에 건넛방에서 생활하는 상급생이 고작 이런 일로 다투었다는 말을 듣고 두 사람을 불러서 말했다.
>
> "나는 내 방에서 슬리퍼 안 신고 맨발로 다니는데 그러면 그것이 잘못하는 행동인가? 이것은 단지 개성의 차이야. 서로 개성을 인정해 주면 되는 거지?"
>
> 두 학생은 상급생의 말에 얼굴을 붉히고 고개를 숙였다.

같은 생각을 하는 사람을 만나면 편하다. 다른 생각을 하는 사람을 만나면 불편하지만 그 생각을 존중해 주면서 배움의 기회로 삼아야 한다.

🛫 상호 존중

상호 존중은 서로서로 존중하는 것이다. 다른 사람을 존중하면 다른 사람도 나를 존중하게 된다. 나를 존중하게 하려면 내가 먼저 다른 사람을 존중해야 한다. 다른 사람을 존중하지 않는 사람은 자기 자신 역시 다른 사람으로부터 존중받지 못한다. 아무

도 존중하지 않는 사람은 어느 누구의 존중도 받지 못한다. 상호 존중을 하기 위해서는 사랑과 헌신을 통한 신뢰가 중요하다.

 서로 알아주는 사람

• 백아와 종자기는 서로에 대해 어떤 마음을 가지고 있을까?

중국 춘추전국시대에 거문고의 달인 백아가 있었다. 그는 어느 가을날, 산에서 '종자기'라는 나무꾼을 만났다. 종자기는 평생 산지기로 살았는데도 백아의 거문고에 실린 감정을 정확하게 알아맞혔다.

산의 웅장함을 표현하면 종자기는 "하늘 높이 우뚝 솟은 느낌이 태산과 같다"고 하고 큰 강을 나타내면 "도도하게 흐르는 강물의 흐름이 마치 황하 같다"고 맞장구쳤다. 두 사람은 뒤늦게 서로를 알게 된 것을 아쉬워하면서 의형제를 맺었다. 그리고 내년에 이곳에서 다시 만나기로 하고 헤어졌다.

일 년 후에 백아는 약속 장소를 찾아갔으나 아무리 기다려도 종자기가 나타나지 않았다. 그러던 어느 날 백아는 종자기가 병에 걸려 세상을 떠났다는 소식을 듣게 되었다. 그의 무덤 앞에서 백아는 통곡하면서 탄식했다. "내 음악을 알아주던 유일한 사람이 없으니 연주하면 무엇하랴!"

이후 백아는 거문고 줄을 전부 끊은 후, 거문고를 연주하지 않았다.

존중한다는 것은 상대가 쌓아온 식견이나 가치를 인정한다는 약속이다. 말하지 않아도 서로의 재능을 알아보고 인정해 주는 것은 상호 존중의 발로이다. 자신에게 이런 사람이 있다면 커다란 행복이다.

존중하는 인간관계

🎙 세 가지 고민

• 사업가의 세 가지 고민은 무엇이며 스승의 충고는 무엇일까?

부자 사업가에게 한 가지 고민이 있었다. 그는 주위 사람들이 자신의 돈에만 관심 있을 뿐, 진심을 나눌 수 있는 사람이 한 명도 없다고 생각하여 주위 사람들과의 인간관계가 고민거리였다. 사업가가 어릴 적 존경하던 스승을 찾아가서 고민을 털어놓자 스승이 말했다.

"자네가 인간관계를 고민하는 이유는 세 가지 해야 할 일을 하지 않고 미루고 있기 때문이네. 자네가 미루고 있는 일의 첫 번째는 빚을 갚는 일이고, 둘째는 용서를 구하는 일이고, 마지막 셋째는 사랑을 고백하는 일이네."

사업가는 스승의 말에 대답했다. "저는 가난하게 살아본 적이 없어서 누구에게도 돈을 빌리지 않았습니다. 그리고 용서를 구할 만큼 잘못한 일도 없고, 사랑을 고백할 만큼 좋은 사람이 없습니다."

스승은 부드럽게 말했다. "첫 번째로 누군가 자네에게 보여준 밝은 미소, 친절한 말투, 자네의 마음을 따뜻하게 만드는 행복한 모습 전부가 자네가 아직 갚지 못한 빚이네."

계속해서 스승이 말했다. "두 번째로 자네가 싫어하는 사람을 계속 싫어하고 용서하지 못하는 행동이 바로 용서를 구해야 하는 일이지."

마지막으로 스승은 차분하게 말했다. "누구나 사랑하는 마음과 사랑받을 공간이 존재하는데 그걸 찾아서 고백할 수 있다면 자네의 고민은 깨끗하게 사라질 걸세."

인간은 사회적 동물로서 다른 사람들과 상호 교류하며 살아가야 한다. 점차 성장할수록 인간관계도 점점 다양해지고 사람도 많아진다. 삶에 있어서 인간관계는 정말 중요하다. 학창 시절에 어떤 선생님을 만나고, 어떤 친구를 만나느냐가 앞으로 인생에 있어서 결정적 역할을 하기도 한다.

인간관계는 일방적일 수 없으며 서로 간에 하는 상호적이다. 좋은 인간관계의 기본은 서로에 대한 존중이다. 존중이 없으면 진정한 인간관계가 이루어질 수 없으며 설사 이루어졌다고 해도 오래 지속될 수 없다. 상대에 대한 존중과 배려로 좋은 인간관계를 맺고 발전시켜야 한다.

인간관계는 등산길과 같다. 발길을 자주 하면 길이 만들어지지만 줄이거나 끊기면 사라지듯이 정성으로 대하면 건강한 인간관계인 등산길이 되지만 정성을 다하지 않으면 잡풀이 길을 덮어버리듯이 인간관계가 끊기게 된다. 좋은 인간관계를 유지하기 위해서는 끊임없이 노력해야 한다.

존중 명언

- 왕좌에 앉은 임금이나 초가집 어두운 방구석에서 살고 있는 가난한 사람이나 다 같은 존엄한 사람이다. _페스탈로치

- 진정 내 꿈을 가로막고 있는 것이 무엇인가? 혹시 내 꿈을 가로막고 있는 것이 정작 자기 자신은 아니었는가? 주위의 여건을 핑계 삼아 나약하게 숨어 있던 것은 아니었는가? _토머스 바샵

- 당신이 자신을 비하시키고 있는 한, 어떤 사람도 당신을 사랑하지 않는다. _스마일리 브랜톤

- 개인의 자기 개념은 그의 인성의 핵심이다. 그것은 그의 행동의 모든 면에 영향을 미친다. 즉, 배우는 능력, 성장하고 변화하는 능력, 친구와 경험의 선택 등에 영향을 미친다. 강하고 긍정적인 자기 이미지가 성공적인 인생을 위한 최선의 가능한 준비이다.
  _조이스 브로더스

- 남이 나를 중하게 여기기를 바란다면 내가 남을 중하게 여기는 것보다 더 좋은 것이 없다. _명심보감

- 남들이 나와 같지 않다는 점을 인정하라. _존 그레이

- 당신에게 가장 가까이 있는 사람을 존중하고 소중히 여기지 않는다면 더 폭넓고 더 큰 뭔가를 요구하거나, 믿거나, 얻기란 정말 어렵다. _메이건 스톤

- 남과 교제할 때, 먼저 잊어서는 안될 일은 상대방에게는 상대방 나름대로의 생활방식이 있으므로 혼란스럽게 하지 않도록 남의 인생에 함부로 간섭해서는 안 된다는 것이다. _헨리 제임스

윌리엄 윌버포스의 인권 존중

18세기 당시 영국은 세계 최대의 노예 무역국이었다. 노예 무역상과 농장주들은 벌어들인 돈으로 하원의원이 되거나 하원의원을 매수하였다. 이런 상황에서 노예무역을 금지하고 노예제 폐지를 주장하는 것은 영국 전체의 기득권 세력을 상대로 싸우는 형국이었다.

스물한 살에 하원의원이 된 윌버포스는 명예와 권력을 추구할 수 있음에도 인류 공영의 시대적 소명을 선택했다. 다행히 대학 시절부터의 평생 친구인 윌리엄 피트가 당시 총리여서 반대파들의 공격을 방어해 주는 든든한 후원자 역할을 감당하였다.

윌리엄 윌버포스는 1789년 5월 12일, 처음으로 노예무역 폐지를 하원에서 역설했고, 동지들과 함께 '클래펌 섹터(Clapham Sect)'로 불리는 공동체 마을을 결성하여 노예제 폐지 전략을 세우고 먼저 노예무역 폐지 운동을 전개했다.

1791년에 노예무역 폐지 법안을 냈으나 부결되었다. 1798년부터 다시 노예무역 폐지의 목소리를 높였다. 1805년까지 노예무역 폐지 법안은 무려 11번이나 좌절을 겪었고 윌버포스는 두 번의 암살 위기를 겪었다. 그는 굴하지 않았고 거듭되는 법안 통과 실패로 실의에 빠진 동지들을 격려하며 끈질기게 폐지 운동을 이어나갔다. 마침내 1806년 선거에서 윌버포스를 비롯한 노예제 폐지파가 압승하여 1807년 2월 23일, 노예무역 금지 법안이 통과되었다. 이후 윌버포스는 노예 해방을 위한 운동을 벌이다가 건강이 악화되어 1825년 의원직을 사퇴하고 동지들을 돕는 역할에 힘썼다. 마침내 1833년, 그가 뜻을 세운 지 50여 년 만에 영국 의회는 영국의 모든 노예를 1년 이내에 영원히 해방한다는 노예 해방 법령을 통과시켰다. 윌버포스는 이 소식을 들은 지 열흘 후에 세상을 떠났고, 이듬해에 무려 80만 명의 노예들이 자유인이 되는 영국 역사상 가장 감동적인 사건이 일어났다.

노예무역 폐지 운동 포스터
'나는 한 인간이며 동시에
한 형제가 아닌가?'

윌리엄 윌버포스(William Wilberforce, 1759~1833)
영국의 정치가. 노예제 폐지 운동을 이끌었음.

• 윌리엄 윌버포스의 삶에 대해 어떻게 생각하는가?

정리하기

◉ 존중은 자신에 대한 자긍심을 가지고 타인의 개성과 다양성을 인정하는 것이다.

◉ 존중은 '자기 존중'과 타인 존중, '상호 존중으로 이루어진다.

◉ 인권이란 사람이 사람답게 살기 위해 마땅히 보장받아야 할 권리이다.

◉ 인권은 인간의 존엄성을 인정하는 것이다.

◉ 자기 존중은 자신을 사랑하고 믿고 인정하면서 소중하게 여기는 것이다.

◉ 스스로 자신에 대한 좋은 점들을 긍정하고 인정해야 한다.

◉ 자신을 앞으로 나아가게 하는 힘은 자긍심이다.

◉ 타인 존중은 상대방을 존엄성과 권리를 가진 사람으로 대우하는 것이다.

◉ 보잘것없는 사람이라도 인격체로 대하는 사람이 진정한 인간이다.

◉ 상호 존중은 서로서로 존중하는 것이다.

◉ 나를 존중하게 하려면 내가 먼저 다른 사람을 존중해야 한다.

◉ 인간관계는 일방적일 수 없으며 서로 간에 하는 상호적이다.

◉ 존중이 없으면 진정한 인간관계가 이루어질 수 없다.

확인하기

1 왜 인권을 존중해야 하는지 서술하시오.

....

2 나를 존중해야 하는 이유는 무엇인가요?

....

3 내가 소중하다고 느껴질 때는 언제인가요?

....

4 타인을 존중해야 하는 이유를 서술하시오.

....

5 내가 하고 있는 타인을 존중하는 행동을 적어 보세요.

....

....

6 인간관계에 있어서 내가 친구의 입장을 이해하지 못해 곤란했거나 친구가 내 입장을 알아주지 않아 속상했던 경험을 적어 보세요.

....

....

배려

6

🔲 학습목표 • 배려의 필요성을 이해할 수 있다.
• 베풂의 의미를 이해할 수 있다.
• 친절의 효용성과 용서의 힘을 인식할 수 있다.

🛩 배려의 필요성

서로 배려하고 도움을 주는 일은 나와 공동체를 위한 길이다. 모두가 이기심에 젖어있다면 공동체는 유지되지 못하고 몰락하고 만다. 서로 배려하고 나누지 않는다면 자신이 가진 물질적·정신적 소유물은 아무런 소용이 없다. 배려가 자신과 더불어 살아가는 공동체를 유지하고 발전시키는 것이다.

🎤 간디의 신발 한 짝

• 간디는 왜 나머지 신발 한짝을 던졌을까?

> 간디가 지방으로 강연하러 가기 위해 출발하려는 기차에 겨우 올라탔다. 그 순간 그의 신발 한 짝이 벗겨져 플랫폼 바닥에 떨어졌다. 기차는 이미 움직이고 있었기 때문에 그 신발을 주울 수가 없었다. 이때 간디는 재빨리 나머지 신발 한 짝을 벗어서 신발이 떨어진 곳으로 던졌다. 동행 하던 사람이 그 이유를 묻자 간디는 미소를 지으며 대답했다.
> "어떤 사람이 바닥에 떨어진 신발 한 짝을 주웠을 때 한 짝만 있다면 아무런 쓸모가 없을 것입니다. 그러니 나머지 한 짝이 있어야 신을 수 있게 됩니다."

마하트마 간디
(Mahatma Gandhi, 1869~1948)
20세기 인도의 위대한 민족주의 지도자. 비폭력주의를 제창하면서 영국의 식민지였던 인도의 독립을 주도했음.

95

언제나 먼저 배려하고 도움을 주는 사람이 누구보다 즐겁게 세상을 살아가는 사람이다. 배려는 손바닥에 떨어트린 한 방울의 향수와도 같다. 주먹을 쥐어 향수의 모습은 감출 수 있어도 향수가 뿜어내는 향기는 향기롭게 퍼지기 마련이다. 아무도 보지 않고 알아주는 사람이 없어도 남을 배려하는 마음과 행동은 향기처럼 주변에 퍼져나가게 되어있다.

 공자의 서(恕)

• 공자가 한 말을 배려의 관점에서 생각해 보자.

공자(孔子 BC 551~BC 479)
고대 중국 노나라 사람. 유교의 시조. 중국 최초의 민간 사상가이자 교육자.

> 제자인 자공이 스승인 공자에게 "제가 평생 좌우명으로 삼을 한마디 말씀을 해주세요" 하고 청하는 말을 했다. 공자는 주저하지 않고 "그것은 바로 서(恕)이다. 네가 바라지 않는 일을 다른 사람에게도 하지 말아야 한다(己所不欲 勿施於人)"라고 답했다.

배려는 자신을 생각하는 것처럼 남을 생각하는 마음가짐이다. 자신이 원치 않는 일을 남에게 시키지 말고 서양 격언처럼 남에게 대접받고자 하는 만큼 남에게 대접을 베푸는 것이다.

 배려가 담긴 말 한마디

> 한 소녀가 어린 시절 구순구개열 장애로 학교 친구들과 대화를 거의 하지 않았다. 간혹 친구들이 장애를 가진 입술에 대해 물으면 사고로 생긴 상처라고 거짓말을 했다. 삐뚤어지고 찢어진 입술로 부정확한 발음을 하는 소녀는 심한 열등감에 사로잡혀 있었다.
> 어느 날 학교에서 학생들을 상대로 '속삭임 검사'를 했다. 이 검사는 칸막이를 치거나 학생이 한쪽 귀를 막은 채, 선생님이 작게 말하는 소리를 알아듣고 따라서 말하게 하는 집중력 검사였다.

선생님은 처음에는 간단한 문장을 말했고 학생 대부분은 정확하게 큰 소리로 따라서 말했고 장애 소녀도 자신의 어눌한 발음을 걱정하면서 검사에 집중했다. 장애 소녀의 차례가 되자 선생님은 조용한 속삭임으로 "네가 내 귀여운 딸이라면 얼마나 좋을까" 하고 뜻밖의 말을 했다.

선생님의 깊은 배려가 담긴 이 말 한마디가 장애 소녀의 인생을 바꾸었다. 그녀는 자신의 장애로 마음에 상처받지 않으려고 노력했고 결국에는 저명한 심리학자가 되어 사람들의 마음을 살피게 되었다.

진심을 담은 배려어린 말 한마디에 마음의 상처를 치유할 수 있다. 배려는 진심이 담긴 마음으로 하는 것이다. 사소한 배려가 인생을 바꾼다. 따뜻한 말 한마디, 진솔한 칭찬, 자그마한 애정 표현이 인생을 180도 바꿔 놓을 잠재력이 있다.

 아버지의 교훈

• 아버지가 주신 세 가지 교훈은 무엇일까?

세계적인 유명인사가 자신의 성공 바탕에는 아버지의 교훈이 있었음을 고백했다.

나는 어렸을 때 매우 이기적이었습니다. 시간이 지날수록 친구들이 하나둘 곁을 떠나고 외톨이가 되었는데도 그게 나의 잘못이 아니라 다른 사람들이 틀렸다고 생각했습니다.

어느 날 아버지가 국수 두 그릇을 삶아오셨습니다. 계란이 귀했던 시절에 한 그릇은 계란이 하나 얹어져 있었고 다른 그릇에는 계란이 없었습니다. 아버지가 말씀하셨습니다.

"두 그릇 중에서 한 그릇을 선택해라." 나는 당연히 계란이 있는 그릇을 선택하여 거의 다 먹어 갈 즈음에 아버지 그릇에는 국수 밑에 두

개의 계란이 있었습니다. 후회하는 나에게 아버지는 웃으시면서 이렇게 말씀하셨습니다. "눈에 보이는 게 다가 아니다. 남을 쉽게 이기려 하면 오히려 지는 법이다."

다음날 아버지가 국수 두 그릇을 식탁에 올려놓고 저를 불렀습니다. 한 그릇은 계란이 있고 한 그릇에는 없었습니다. "선택해라." 이번에는 계란이 없는 그릇을 골랐는데 아무리 국수 밑을 찾아봐도 계란이 한 개도 없었습니다. 아버지는 웃으시면서 또 이렇게 말씀 하셨습니다. "너무 경험에 의존하지 마라. 삶이 너를 속일 것이다. 그럴 때는 화를 내거나 실망하지 말고 교훈으로 삼아라."

또 다시 다음날 아버지는 국수 두 그릇 중 하나를 선택하라고 하셨습니다. 이번엔 제가 이렇게 대답했습니다. "아버지께서는 가장으로서 가족을 위해 노고가 많으시니 아버지께서 계란이 있는 국수를 드시고 저는 없는 국수를 먹겠습니다." 그리고 그렇게 했습니다. 이번에도 제 국수에는 계란이 없을 거라 생각했는데 제 국수 밑에는 계란이 두개나 들어 있었습니다. 아버지가 또 웃으시며 이렇게 말씀하셨습니다.

"남에게 베풀어라. 그러면 그보다 더 좋은 일이 너에게 되돌아온다는 걸 잊지 말거라"

저는 아버지가 주신 이 세 가지 교훈을 명심하며 살아왔고, 제가 성공한 것도 이 교훈 덕택이라고 믿고 있습니다.

베풂은 남을 위한 것이 아니다. 베푸는 마음은 나에게 더 큰 행운으로 되돌아온다. 진실한 배려심에서 나온 행동은 선한 결과를 가져오며 그 선한 결과가 자신에게로 되돌아온다. 남을 돕겠다는 친절한 배려, 아름다운 이타심이 결국은 자신의 인생까지 더 훌륭하게 만든다.

베풂의 의미

🎙 에리히 프롬 ≪사랑의 기술≫ 중에서

• 에리히 프롬이 말한 '베풂'을 어떻게 보아야 할까?

> 베풂을 무엇인가 빼앗기는 것, 희생하는 것이라는 생각은 오해다. 주는 것은 잠재적 능력의 최고의 표현이다. 준다고 하는 행위 자체에서 힘과 부와 능력을 경험한다. 고양된 생명력과 잠재력을 경험하고 큰 환희를 느낀다.

에리히 프롬(Erich Fromm, 1900~1980) 심리학자. 대학교수. 독일 출신으로 사회심리학을 개척했으며, 미국으로 옮겨 교수를 역임. 저서로 ≪소유냐 존재냐≫ ≪자유로부터의 도피≫ ≪건전한 사회≫ 등이 있음.

자신이 진정으로 누군가를 도울 때 그것은 곧 자신을 돕는 일이 된다. 이타심 발휘는 자신을 희생하는 것이 아니라 자신을 위한 것이다.

베풀 줄 모르는 사람은 언젠가는 베풂을 필요로 할 때가 있다는 사실을 깨닫지 못한 것이다. 다른 사람에게 최선을 다할 때 그 사람으로부터 최선의 것을 얻게 된다. 다른 사람이 소망하는 것을 얻을 수 있도록 충분히 도와준다면 자신이 소망하는 것을 얻을 수 있다. 사랑은 사랑의 열매를 맺는다.

행복은 결코 소유하는 것의 많고 적음에 있지 않다. 참된 행복은 나누어 주는데 있다. 행복은 다른 사람을 행복하게 해주려고 할 때 생긴다. 행복한 사람은 어떻게 베풀 것인가를 먼저 찾아내는 사람이다. 남에게 베풀면 남의 행복에 도움이 되지만 자신도 행복을 더 크게 느끼게 된다.

인생의 전환점

• 슈바이처 박사에게 유년 시절의 사건 하나는 어떻게 인생의 전환
점이 되었나?

알베르트 슈바이처
(Albert Schweitzer,
1875~1965)
독일의 의사, 신학자, 철학
자, 오르간 연주자. 아프리
카 가봉에 있는 랑바레네
로 가서 평생을 의료 봉사
했음.

슈바이처 박사는 유년 시절의 우연한 사건 하나가 인생의 특별한
전환점이 되었다. 유복하게 자란 슈바이처 박사가 14살이던 때에 동
네 아이를 마구 때려 쓰러뜨렸다. 이때 맞은 아이가 슈바이처에게 울
부짖었다. "내가 만약 너처럼 매일 잘 먹을 수 있었다면, 이렇게 얻어
맞지 않았을 거야!"

자신에게 향한 이 한 마디는 슈바이처의 뇌리에 충격과 함께 각인
되었다. 그는 마음속으로 자신보다 약하고 어려운 사람들을 도와야겠
다는 결심을 했다. 24년 후 안락이 보장된 삶을 버리고 아프리카로 떠
났다. 어린 나이에 그 순간의 관계에서 던져진 말에 대한 깊은 성찰을
통해 위대한 삶을 사는 전환의 계기로 삼은 것이다.

자신만을 중심에 두고 모든 일을 판단한다면 작은 도움조차
실천하기 어렵다. 이타심은 남을 생각하는 큰 배려로서 자연히
자신의 마음은 편안해지고 마음은 넓어져 열린 사고로 세상을
바라보면서 올바른 판단을 하게 된다.

베풂은 물질만이 아니라 시간, 재능, 마음을 나누는 것이다.
선행을 실천하는 좋은 방법은 새로운 봉사를 시작하는 것이다.

척 피니(Chuck Feeney,
1931~)
미국의 기업인. 기부 왕으
로 아름다운 부자. 빌 게이
츠의 롤 모델.

 자랑하지 마라

• 척 피니는 어떻게 기부했을까?

미국의 사업가 척 피니는 1931년 아일랜드 이민 노동자 가정에서
태어나 넉넉지 않은 어린 시절을 보내면서 갖은 고생을 하며 자랐다.
그는 이후 세계 최대 규모의 공항면세점인 DFS 공동 창업자로 억만

장자가 되었지만 지독한 구두쇠로 소문이 났다. 값싼 전자시계를 차고, 비행기는 이코노미석만 타고, 개인 자가용도 없으며 임대아파트에 살고, 허름한 식당에서 식사를 했다.

'부유하지만 냉철하고, 돈만 아는 억만장자' 미국의 한 경제지에서 척 피니를 이렇게 묘사하며 비난했다. 이후 그에게 위기가 찾아왔다. 회계 조사를 받던 중 수십억 달러의 거금이 다른 회사 이름으로 지속해서 지출되고 있었던 것이다.

사람들은 돈을 빼돌린 것으로 의심했지만 뜻밖의 사실이 밝혀졌다. 이 거금은 어려운 이웃들을 위한 기부금이었다.

'자랑하지 마라. 받은 이의 부담을 덜어주고 싶다면 절대 자랑하지 마라.' 어머니에게 이렇게 교육받아온 척 피니는 지금까지 자기 재산의 99%인 10조 원을 어려운 이웃을 위해 기부하고 있다.

대가를 바라지 않고 베푸는 모습이 아름답다. 대가를 바라지 않는 베풂이 마음을 풍성하게 만든다. 베풂을 통해 얻는 기쁨은 결국 자신을 위한 것이다. 세상을 향해 베푼 나눔은 절대 사라지지 않는다. 선한 결과를 가져올 뿐만 아니라 다른 사람들의 아름다운 나눔이 더해지고 커져서 연쇄적으로 퍼져나간다. 서로가 서로에게 도움을 주고 베풀고 정을 나눈다면 아름다운 세상이 펼쳐진다.

친절의 효용성

🎤 마더 테레사 수녀의 어록

친절은 세상을 따뜻하고 평화롭게 만듭니다. 내가 먼저 친절을 베풀면 내 주변이 따뜻해집니다. '미안하다'는 말도 내가 먼저 하면 내 주변이 평화로워집니다.

친절은 마음속에서 우러나오는 것이다. 친절하다는 것은 인간의 미덕이다. 상대방의 마음을 움직이는 것은 친절한 말씨와 행동이다. 친절에도 용기가 필요하다. 먼저 친절한 마음과 행동을 보여주는 용기가 필요하다.

친절을 받는 사람은 친절로 보답한다. 서로가 베푸는 상호 친절이 세상을 따뜻하게 하고 밝은 사회를 만든다.

✈ 용서의 힘

🎙 용서의 힘

- 사령관이 전쟁터에서 탈영하려고 한 병사를 처형하지 않은 이유는 무엇일까?

렘브란트 〈돌아온 탕자〉

전쟁터에서 탈영을 하려고 한 병사가 체포되어 사령관 앞으로 끌려왔다. 전투 중 탈영은 군법으로 사형이었다. 사령관은 평소에 병사들에게 정신무장을 강조하는 교육을 실시했지만 탈영병이 발생한 것에 분노했다.

사령관은 병사에게 말했다. "훌륭한 병사로 만들기 위해 가르치고, 정신과 육체를 단련시켰다. 그럼에도 조국을 배신하는 행위를 지질렀다. 이에 죄를 물어 엄중한 군법으로 사형을 선고한다."

병사에게 사형 선고가 내려지자 중대장이 사령관에게 청원했다. "사령관님은 평소 장병들에게 수차례의 교육을 통해 정신무장을 강조하셨지만 아직 한 가지 해보시지 않는 일이 있습니다."

> 　사령관이 "그것이 무엇인가? 하고 묻자 "바로 용서하는 것입니다. 사령관님은 아무 조건 없이 용서해 주는 것은 아직 하지 않으셨습니다"라고 대답했다. 중대장의 말에 사령관은 탈영병을 용서해 주었고, 큰 깨달음을 얻은 탈영병은 다음 전투에서 선두에 서는 용감한 병사가 되었다.

　용서는 어떤 가혹한 처벌보다 강력한 힘을 가지고 있을 수 있다. 누군가를 벌한다는 것은 그 사람에 대한 나의 분노를 토해내는 것이다. 그러나 용서한다는 것은 나의 마음속 분노를 내려놓는 것으로 결코 쉬운 일이 아니다.

　용서는 고결하고 아름다운 사랑의 형태이다. 사랑이 없는 사람은 쉽게 용서하지 못한다. 용서는 값싼 것이 아니며 삶 속에서 실천하는 큰 수행이다. 용서는 마음의 문을 닫아걸고 있던 걸쇠를 푸는 일이다. 용서는 양심의 쇠사슬에 묶여있던 가해자를 안심시키는 일이다. 용서하는 마음은 상처 준 사람을 받아들이는 마음이다.

　용서는 남을 위한 행동이기도 하지만 오히려 나를 위한 행동이다. 용서하지 않으면 분노를 되새김질하게 되고 과거의 기억과 상처에 매달리면서 자기 스스로 노예가 되고 복수심에 가득 차 심신이 부정적인 영향을 받는다. 상처의 진정한 치유는 용서에서 온다. 용서하지 않고 과거에 받은 상처에 집착하면 마음의 평화가 깨져 자신을 불행하게 만든다. 분노와 미움이 독이 되어 심신의 건강을 해친다. 용서는 마음의 상처를 치료하면서 건강해진다.

배려 명언

- 마음을 자극하는 단 하나의 사랑의 명약, 그것은 진심에서 나오는 배려이다. _메난드로스

- 우리는 손길, 미소, 따뜻한 말 한마디, 경청하는 귀, 진솔한 칭찬, 사소한 애정 표현의 위력을 과소평가하기 일쑤지만, 이 모든 것은 인생을 180도 바꿔놓을 잠재력이 있다. _레오 버스카글리아 교수

- 그대가 삶을 값지게 보내고 싶다면 날마다 아침에 눈을 뜨는 순간 이렇게 생각하라. '오늘은 단 한 사람을 위해서라도 좋으니 누군가 기뻐할만한 일을 하고 싶다.' _니체

- 사소한 말 한마디조차 상대방에게 상처를 주지 않도록 배려하라. _한비자

- 내가 가진 것을 내주는 것은 조그마한 베풂이다. 나를 헌신하는 것이 진정한 베풂이다. _칼릴 지브란

- 조그만 친절, 조그만 사랑의 말, 그것이 지상을 에덴동산이 되게 하고 천국처럼 만든다. _줄리아 키니

- 자신이 섬기고 있음을 의식치 않으면서 봉사할 수 있는 자는 뛰어난 섬김의 사람이다. _블라비스키

- 용서는 사랑의 최종적인 형태이다. _라인홀드 니버

- 용서는 과거를 변화시킬 수 없다. 그러나 미래를 훈훈하게 만든다. _파울 뵈세

읽기 자료

진실한 이타심 발휘

장기려 의학박사는 한국의 슈바이처로 불릴 정도로 평생을 이타심을 발휘하다가 세상을 떠난 분이다.

한국전쟁이 일어난 후 4개월 만인 1950년 10월 유엔군과 국군은 평양을 탈환했다. 외과 의사인 장기려 박사는 평양 병원에서 국군 부상병을 치료하고 있었다. 그해 12월 중

공군이 개입하면서 국군은 평양을 철수하게 되고 이때 장기려를 남으로 데려가기 위해 그를 야전병원 환자 수송용 버스에 태웠다. 황급히 떠나는 바람에 아내와 다섯 자녀를 두고 둘째 아들과 부산으로 피난했다. 그 후 그는 늘 빛바랜 가족사진 한 장을 가슴에 품고 평생 독신으로 지냈다.

그는 부산에서 병원을 열고 가난한 환자들을 돌보는 데 평생을 바쳤다. 병원비가 없는 환자를 위해서 무료 진료를 거듭하여 급기야 병원 운영이 어렵게 되자 병원 간부회의에서 아예 장 박사는 무료 진료에 관여하지 못하게 했다. 그러자 그는 입원 후 치료를 마친 가난한 환자들을 위해 온갖 수단을 동원하여 돕는 일에 앞장섰다.

"내가 밤에 살그머니 나가서 병원 뒷문을 열어 놓을 테니 나가세요."

그는 평생 자기 집 한 칸 갖지 않고 병원 옥상의 24평 사택에서 살면서 가난하고 소외당하는 이웃들의 벗이었다. 한국전쟁 후의 '천막 무료 진료'부터 미래를 내다본 의료 복지 정책인 '청십자 의료조합'까지, 그것은 그의 박애 정신의 발로였다.

1995년 죽음을 맞이하기까지 북한에 두고 온 가족에 대한 그리움을 가난한 환자에 대한 사랑으로 승화시킨 장기려 박사의 삶은 진실한 의인의 참모습이었다.

장기려(張起呂, 1911~1995)
의사로서 평생 사회봉사와 의료사업 발전에 헌신했음.

• 장기려 박사의 삶에서 무엇을 느끼는가?

정리하기

- 서로 배려하고 도움을 주는 일은 나와 공동체를 위한 길이다.

- 배려는 자신을 생각하는 것처럼 남을 생각하는 마음가짐이다.

- 배려하는 사람은 세상을 즐겁게 살아가는 사람이다.

- 깊은 진심을 담은 배려어린 말 한마디에 마음의 상처를 치유할 수 있다.

- 베푸는 마음은 나에게 더 큰 행운으로 되돌아온다.

- 이타심 발휘는 자신을 희생하는 것이 아니라 자신을 위한 것이다.

- 베풂은 물질만이 아니라 시간, 재능, 마음을 나누는 것이다.

- 남에게 베풀면 남의 행복에 도움이 되지만 자신도 행복을 더 크게 느끼게 된다.

- 대가를 바라지 않고 베푸는 모습이 아름답다.

- 친절은 세상을 따뜻하고 평화롭게 만든다.

- 사람의 마음을 움직이는 것은 친절한 말씨와 행동이다.

- 용서는 고결하고 아름다운 사랑의 형태이다.

- 용서한다는 것은 나의 마음속 분노를 내려놓는 것이다.

- 용서는 남을 위한 행동이기도 하지만 나를 위한 행동이기도 하다.

- 용서는 마음의 상처를 치료하면서 건강해진다.

확인하기

1 빈칸에 적절한 단어를 기입하세요.

서로 배려하고 도움을 주는 일은 나와 (   )를 위한 길이다.

2 빈칸에 공통적으로 들어갈 단어를 기입하세요.

배려는 손바닥에 떨어트린 한 방울의 (   )와도 같다. 주먹을 쥐어 (   )의 모습은 감출 수 있어도 (   )가 뿜어내는 향기는 주변에 향기롭게 퍼지기 마련이다.

3 '기소불욕 물시어인(己所不欲 勿施於人)'의 뜻을 쓰세요.

- -

4 철학자 니체가 말한 아래 내용을 읽고 자신이 생각하는 삶과 배려의 의미를 적어 보세요.

> "그대가 삶을 값지게 보내고 싶다면 날마다 아침에 눈을 뜨는 순간 이렇게 생각하라. '오늘은 단 한 사람을 위해서라도 좋으니 누군가 기뻐할만한 일을 하고 싶다.' – 니체 –

- -

5 나는 가족을 위해 어떤 배려 활동을 하고 있나요?

- -

6 친구 간에 배려를 실천하기 위해서 필요한 노력을 서술하시오.

- -

7 용서는 어떤 힘을 발휘하는지 서술하시오.

- -

7 소통

📖 **학습목표** • 소통의 본질을 이해하고 소통하는 방법을 설명할 수 있다.
• 소통에서 공감대 형성의 중요성을 인식하고 방법을 설명할 수 있다.
• 소통과 공감대 형성을 통한 갈등 해결에 대해 설명할 수 있다.

✈️ 삶과 소통

고갱 〈설교 후의 환영〉

삶의 모든 관계는 소통으로 이루어진다. 소통은 서로의 생각이 막히지 않고 오해가 없는 것이다. 서로가 열린 생각과 마음으로 의견과 생각과 감정을 교류하여 서로를 흔쾌히 받아들이는 것이다. 소통은 자신의 의사를 정확하게 전달하는 것만이 아니라 상대방의 의사를 경청하고 진심을 파악하여 서로 공감하는 것이다.

현대 사회에서의 생활은 모두 소통으로 이루어진다. 개인, 가족, 학교, 직장, 사회 등에서 소통으로 모든 관계가 이루어지며 개인과 공동체의 발전을 가져온다.

소통이 필요한 이유는 인간은 자기 나름대로 성격과 말하는 방법, 행동이 서로 다르기 때문이다. 소통의 전제는 상대방이 나와 다르다는 것을 인정하는 것이다.

소통의 본질

소통의 본질은 일방적인 설득이 아니라 공감에 있다. 열린 마음으로 상대방의 입장에서 사안을 바라보고 상대방의 생각을 이해하는 데서 출발하여 사안에 대한 인식과 관점이 공유되어야 한다. 그러려면 자기 생각과 다른 상대방의 생각을 집중해서 들어야 소통에 다가갈 수 있다.

소통에서의 최대 실수는 자신의 견해와 감정 표현에 우선순위를 두는 것이다. 자기 생각과 감정을 표현하려고만 해서는 안 되며 먼저 상대방을 존중하고 이해하려고 해야 한다. 자신이 말하기에 앞서 상대방의 말을 들어야 한다. 자신의 논리를 전달하기 위해 고민하기보다는 상대방의 의견을 듣고 이해하고 존중해 주는 것이 우선이 되어야 한다.

 소통하는 방법

🎙 서애 유성룡 《징비록》 중에서

• 이순신 장군은 어떻게 병사들과 소통하였을까?

> 이순신 장군은 한산도에서 장수들과 함께 밤낮을 가리지 않고 작전을 논했다. 계급이 낮은 병사라도 군사에 관한 내용이라면 언제든지 와서 자유롭게 말할 수 있게 했다. 그러자 모든 병사가 군사에 정통하게 되었으며 전투 시작 전에 작전을 함께 논의하여 결정한 까닭에 싸움에 패하는 적이 없었다.
>
> 소통을 통해 병사들이 지닌 지식과 경험을 공유하여 왜적의 침입을 막아내었다.

징비록(懲毖錄)
1604년 조선 중기의 문신 유성룡(柳成龍, 1542~1607)이 임진왜란·정유재란에 대해 자신의 경험과 사실을 기록한 책.

말

주된 소통 도구는 말이므로 말을 잘 다스리는 것이 중요하다. 말은 기본적으로 의사소통을 위한 도구로서 개인의 감정이나 사상을 표현한다. 인간이 공동 사회를 이루어 더불어 살 수 있게 된 것은 언어라는 도구가 있기에 가능하며 공유하는 기준과 규칙이 있기에 소통할 수 있다.

사람의 품격은 말에서 나온다. 말을 어떤 내용으로 어떤 방식으로 하는가가 중요하며, 적절한 단어와 내용, 화술로 해야 한다. 말을 다스리는 능력을 갖춰야 사람을 움직일 수 있고 원활하게 소통할 수 있다.

소통할 때는 품위 있는 단어를 쓰면서 목소리의 톤을 높이지 않고 차분하게 말한다. 상대방의 귀를 솔깃하게 하는 말보다는 가슴과 마음을 흔드는 말을 한다. 내가 하고 싶어 하는 말보다는 상대방이 듣고 싶은 말을 한다. 혀로만 말하지 말고 눈과 표정으로도 말한다. 말할 때 신중을 기하고 쓸데없는 말은 하지 않는다.

소통할 때는 긍정적이고 적극적인 말을 해야 한다. 긍정적이고 적극적인 말을 할 때 상대방의 마음에 *동조 현상이 일어난다. 진실성과 진정성을 가지고 마음에 와 닿는 말을 해야 한다. 감정이나 체면을 떠나 정직하고 솔직해야 한다. 단순하고 이해하기 쉬운 단어로 명확하게 발음해야 한다. 때로는 감성에 호소하는 말로 공감을 끌어내야 한다.

동조 현상
개인의 의견이나 행동을 내세우지 않고 사회적 규범 내지 다수의 의견에 동화하여 주위 사람들의 의견이나 행동에 따르는 현상.

경청

 링컨 대통령과의 인터뷰

> "1864년 미국의회에서 노예제도를 폐지하는 헌법 수정안이 통과되기 전에 링컨 대통령과 인터뷰를 한 기자는 링컨에 대해서 "그는 급진적인 노예제폐지론자들과 보수주의자들에게 둘러싸여서 반대자들과 추종자들 간의 서로 상충하는 주장 모두를 진지한 태도로 경청하고 깊이 생각했습니다. 나는 그 모습을 보면서 정치가의 필수적인 조건은 다른 여러 의견에 기꺼이 귀를 기울이는 자세라는 생각이 들었습니다."

경청은 상대방에 대한 존중의 표시이므로 경청하는 것이 상대방의 마음을 여는 방법이다. 경청의 원칙은 상대방을 소중한 인격으로 받아들이는 것으로 상대방에 대한 존중과 격려이며 가치를 인정해 주는 것이다.

경청이란 상대방의 진심을 믿고 받아들인다는 의미가 있으며 마음의 중심이 상대방으로 향하고 있다는 것이다. 경청할 때는 상대방의 눈을 쳐다보고 때로는 맞장구와 질문을 하면서 상대방의 말을 이해하고 집중해야 한다. 맞장구는 대화의 하이파이브로

상대방의 말에 귀를 기울이면서 동조함을 나타내어 깊은 유대감과 공감을 형성한다. '맞장구'도 상황에 맞게 해야 하며 과장하거나 건성이 아니라 진심을 담아서 해야 한다.

'이청득심(以聽得心)'이란 말이 있다. '귀 기울여 듣는 것이 마음을 얻는 지혜'라는 뜻이다. 데일 카네기도 "2주 동안 남의 말에 귀를 기울이기만 하면 남의 관심을 끌기 위해 2년 동안 노력한 것보다 더 많은 친구를 얻을 수 있다"고 했다. 내가 상대방에게 달콤한 말을 한다고 해도 상대방으로서는 자기가 말하고 싶어 하는 얘기의 절반만큼도 흥미롭지가 않은 법이다. 상대방에게 다가서는 지름길은 혀가 아니라 귀를 내미는 것이다.

들을 청(聽)자를 뜯어보면, '다른 사람의 말을 듣는 귀(耳)가 으뜸(王)이며, 들을 때는 열 개(十)의 눈(目)을 움직여 하나의(一) 마음(心)을 주시하라'는 메시지를 담고 있다. 경청을 잘하는 것이 원만한 인간관계의 비결이다. 서로 간에 감정이 융합되어 친숙의 단계를 넘어 절친한 단계로 진입할 수 있다.

말하는 능력보다 듣는 능력이 중요하다. 상대방 입장에 서서 상대방이 하는 말을 정확하게 듣고 이해하고 해석할 수 있어야 하고, 그렇게 할 수 없으면 다시 물어보고 확인하는 것이 좋다. 자신의 견해와 감정에 치우쳐 말하기보다는 상대방이 말하는 것을 먼저 경청해야 한다. 자신의 논리를 전개하기에 앞서 상대방의 생각을 들어주고 이해하고 존중해주어야 한다.

경청을 통해 상대방이 말하는 핵심을 파악하여 질문한다면 상대방에게 감동을 주면서 자신이 하고자 하는 말도 자연스럽게 연계할 수 있다.

글

종래는 편지나 문서의 교환 등으로 소통을 하였으나 현대 사회에서는 정보통신기술의 발달로 수많은 *플랫폼이 생겨났다. 하지만 얼굴을 마주보는 소통이 아니라 온라인상에서 이루어지므로 진정한 소통이 이루어지기 보다는 오해를 불러일으키는 경우가 많다.

글로 소통하는 경우에는 해석의 여지가 없도록 정확한 단어를 써서 뜻을 명확하게 하여야 한다. 과도한 이모티콘 사용이나 약자의 남발로 해석을 모호하게 해서는 안 된다. 정중한 표현으로 사이버 공간에서의 예의를 지켜야 한다.

플랫폼(platform)
컴퓨터 시스템의 기반이 되는 하드웨어 또는 소프트웨어를 일컬음.

칭찬

 아인슈타인 성적

• 성적이 나빴던 아인슈타인에게 어머니는 뭐라고 했을까?

> 위대한 물리학자 아인슈타인은 초등학교 성적이 엉망이었다. 아인슈타인이 받아온 성적표에는 이렇게 적혀 있었다.
> '이 학생은 장차 어떤 일을 해도 성공할 수 없을 것으로 판단됨'
> 짤막한 의견을 읽은 어머니는 어린 아들에게 이렇게 말했다.
> "너는 남과 아주 다른 특별한 능력을 가지고 있단다. 남과 같아서야 어떻게 성공하겠니?"

알베르트 아인슈타인
(Albert Einstein, 1879~1955)
독일의 물리학자. 그의 일반상대성이론은 현대 물리학에 혁명적인 지대한 영향을 끼침. 1921년 노벨물리학상 수상.

사람은 칭찬과 인정을 먹고 산다. 상대방을 '알아주는' 것이 중요하다. 사람은 자기를 알아주는 사람에게 호감을 가진다.

사람에게는 우수한 부분과 인정받고 싶은 부분이 있다. 우수한 부분보다 인정받고 싶은 곳을 칭찬하는 것이 호의를 갖게 하

113

는 최고의 명약이다. 상대방이 인정받고 싶어 하는 것을 찾아 칭찬한다.

유머

판매 실험

150명의 연기자를 동원하여 판매 실험을 하였다.

50명은 시종일관 웃음을 띠고, 50명은 무표정한 상태로, 나머지 50명은 험상궂거나 신경질적인 얼굴로 판매를 했다. 그 결과 웃음 팀은 목표량의 3~10배까지 팔았고, 무표정 팀은 목표량의 10~30%를 판매한 반면, 인상을 쓴 팀은 전혀 팔지 못했다.

판매원들은 95%의 이성과 5%의 감성으로 고객에게 다가가지만 고객들은 5%의 이성과 95%의 감성으로 판매원을 대한다. 95%의 감성에 결정적으로 영향을 미치는 것이 미소와 웃음이다.

프란스 할스 〈웃고 있는 기사〉

웃음과 유머는 좋은 분위기를 만들어 소통을 원활하게 한다. 웃는 얼굴은 보석이며, 찡그린 얼굴은 수거 대상이다. 평판이 좋고 사랑받는 사람은 멋진 미소의 소유자이다. 웃는 얼굴은 호감을 주어 소통에 도움이 된다.

하지만 웃음이란 무조건 밝고 좋은 것이란 고정관념을 갖지 말아야 한다. 상황에 맞지 않거나 볼품없이 지나치게 큰 소리로 웃으면 안 된다. 보기 싫게 박장대소하는 것은 천박하게 보인다. 분별 있는 사람은 천박하게 웃기지도 않고, 웃지도 않는다. 마음이 풍요로워지고 표정이 밝은 자연스런 웃음을 지으라.

유머를 구사하는 사람은 관대함과 여유를 느끼게 한다. 유머는 원활한 대화와 좋은 인상을 남길 수 있다. 재치 있는 유머 한 마디로 소통을 원활하게 한다. 유머감각이 있는 사람은 자신을 주목하게 만든다. 유머는 개방적이고 유연한 내면에서 배어나와 창의성과 사고의 유연성을 보여 주어야 한다.

유머는 타인을 기쁘게 하기 위해서 사용하고 마음을 상하게 하지 않도록 유의해야 한다. 유머는 어디까지나 양념이 되어야 한다. 농담할 때도 지혜와 품위를 잃지 말아야 한다. 분별없는 농담을 많이 하면 진지하게 말할 때도 믿지 않는다. 그러므로 대화의 본질을 놓치지 말아야 한다.

비언어적 표현 : 눈 마주침, 몸짓

상호 공감을 통한 눈 마주침이나 몸짓이 상대방의 마음을 움직이고 자극한다. 눈 마주침은 서로의 감정 상태를 알 수 있고 집중할 수 있다. 따뜻한 손길, 친절한 다독임, 가벼운 포옹 등 적절한 스킨십은 상대방의 감정이나 상황을 존중한다는 것을 보여준다. 스킨십은 말로 보여줄 수 없는 진한 감정을 전달할 수 있다.

비언어적 표현은 개인의 취향, 환경, 문화에 따라 다를 수 있으므로 유연성을 가지고 상황에 맞게 적절하게 구사해야 한다.

✐ 소통과 공감

공감은 다른 사람과 의견, 감정, 생각, 처지에 대하여 서로 같다고 느끼는 것으로 마음과 마음이 서로 통한 상태이다. 같이 느끼는 것만이 아니라 상대방의 느낌까지도 알아차리는 것이다. 상대방의 느낌을 그대로 인정하면서 나의 것으로 받아들이는 것이다. 공감이 있어야 마음에서 동조가 우러나 진정한 소통이 이루어진다. 공감대를 높이려면 상대방의 심정과 감정을 진심으로 이해해야 한다. 그래야 거기에서 친근감을 느끼면서 동조가 일어난다.

공감하기 위해서는 공감대가 형성되어야 한다. 공감대 형성이란 두 사람 사이나 집단 간에 상호 신뢰를 나타내는 심리로서 서로 마음이 통하고, 무슨 말이라도 털어놓고 말할 수 있고, 말하는 것이 충분히 이해가 되는 관계로 느껴지는 상태를 말한다.

부모님과의 관계, 친구와의 관계, 선생님과의 관계 등에서 공감대가 형성되면 좋은 인간관계가 형성되지만 공감대가 형성되지 않으면 갈등 관계가 된다. 공감대 형성은 미리 마련된 계획에 따라 이루어지는 것이 아니며 논리적인 접근만으로도 어렵다. 쌍방이 모두 성실하고 서로 존중하는 분위기에서 이루어지며 자비심, 인내심, 신념까지도 소진해야 하는 어려운 과정이다.

공감대를 형성하기 위해서는 나도 상대방과 생각이 같을 수 있다는 인상을 주면서 상황을 상대방의 입장에서 바라보려고 노력해야 한다. 내 주장을 강하게 펼치기보다는 상대방의 말을 먼저 경청해야 한다. 상대방의 특성을 이해하고 감성에 호소한다. 정직하고 솔직하게 소통하며 나를 그대로 드러내야 한다.

소통과 공감으로 갈등 해결

삶에서의 여러 관계 속에서 갈등은 있게 마련이다. 어떻게 갈등을 줄이고 해결할 것인가? 갈등 해결의 관건은 소통과 공감이다.

갈등을 잘못 관리하면 불화와 반목의 늪에 빠져서 정체와 후퇴를 가져오지만, 관리를 잘하면 발전을 가져온다. 갈등은 서로 다른 목표를 바라보고 있어 생기는 것으로 갈등관리를 위해서는 목표를 한군데로 모아야 한다.

그리고 갈등의 원인과 내용이 무엇인지를 파악해야 한다. 다음으로 갈등관리의 핵심인 '서로 다른 목표'에 대한 소통이다. 자신의 의견을 주장할 것이 아니라 먼저 상대방의 의견을 들어야 한다. 자신의 관점이 아니라 상대방의 입장에서 듣고 이해하려는 노력이 중요하다.

 에이브러햄 링컨의 갈등 해결 자세

> 에이브러햄 링컨은 어떤 사람과 피치 못할 갈등이 발생하면 "갈등이 생긴 그 문제에 대해 더 많이 알아야겠다."라고 하면서 해결책 모색에 골몰했다.

갈등의 예방과 해결을 위한 기본자세는 관용과 포용력이다. 관용은 자신과 다른 견해나 행위를 인정하는 것이며 상대방의 생각과 주장을 수용하는 포용적인 자세를 뜻한다. 하지만 상대방에 대해 무조건 관용과 포용을 해서는 안 된다. 자신의 존엄성과 주체성을 지키면서 사회 질서와 공동선이 지켜질 수 있는 범위 내에서 행사되어야 한다.

상대방에게 자기 의견을 전달하면서 공감대 형성에 노력해야

한다. 공감대 형성을 하면 갈등이 완화되고 해결될 수 있다. 차이를 좁히려 하기보다는 일단 공통점을 공유하고, 다름을 보기보다는 같음을 봐야 한다. 이어서 공정한 기준과 원칙으로 대안을 도출한다. 모두를 만족시키는 대안을 창출해 내는 것이 어려울 수 있지만, 서로에게 이롭도록 하겠다는 마음으로 충분한 대화를 통하여 합리적인 결론을 끌어내야 한다.

소통을 뜻하는 커뮤니케이션의 어원은 라틴어의 '나누다'를 의미하는 'communicare'다. 소통은 나누는 것이므로 효과적인 갈등관리를 하기 위해서는 서로가 이기는 방향이 되어야 한다. 한쪽이라도 패배감이 든다면 제대로 해결된 갈등관리가 아니다. 서로가 이해할 수 있는 대안을 마련해야 한다.

결론적으로 원만한 갈등 해결을 위해 합리적인 의사소통의 자세와 *역지사지의 자세를 가져야 하고 자신의 의견과 다를지라도 합의한 결과에 따르는 자세를 가져야 한다.

역지사지(易地思之)
처지를 바꿔놓고 생각함

소통 명언

- 진심에서 나오는 말만이 사람의 마음을 움직일 수 있고 밝은 양심에서 나오는 말만이 사람의 마음을 꿰뚫는다. _윌리엄 펜

- 2주 동안 남의 말에 귀를 기울이기만 하면 남의 관심을 끌기 위해 2년 동안 노력한 것보다 더 많은 친구를 얻을 수 있다. _데일 카네기

- 편견을 버린다는 것은, 그것이 언제일지라도 절대로 늦지 않다.
  _ H. D. 소로

- 유머 감각이 없는 사람은 스프링이 없는 마차와 같다. 길 위의 모든 조약돌에 부딪칠 때마다 삐걱거린다. _헨리 와드 비처

- 칭찬은 평범한 사람을 특별한 사람으로 만드는 마법의 문장이다.
  _막심 고리키

- 공감의 단계에서 더 나아가 다른 사람과 진정한 관계를 맺을 때, 비로소 자신을 관찰하고 이해하며 뭔가를 배워나가게 된다. _엘사 푼셋

- 남들을 감동시키려면 우선 자기 자신부터 감동하지 않으면 안 된다. 그렇지 않으면 아무리 뛰어난 작품이라도 생명이 길지 못하다. _ 밀레

- 논쟁은 화를 내거나 싸우는 게 아니다. 논쟁은 배우는 방식 중 하나다. 의견이 다르면 의견이 같을 때보다 더 많은 정보를 교환한다. 의견이 같으면 새로이 배우는 게 없다. 의견이 달라야 더 많은 사실(fact)을 상대편에게 제시하게 된다. _미셸 루트번스타인

링컨의 국민과의 소통

링컨은 언어가 가진 소통의 위대한 힘을 알았다. 이는 남북전쟁에서 5만 명의 사상자가 난 펜실베이니아 주 게티즈버그에서 국립묘지 개관식 날인 1863년 11월 19일에 했던 연설을 통해 알 수 있다. 272개의 짧은 단어로 구성된 불후의 명연설은 참담한 전투의 희생자를 추모하면서 인권 평등과 민주주의 이념을 명쾌하게 농축했다.

"87년 전 우리 선조들은 자유 이념과 인간은 모두 평등하다는 신념을 지니고 새로운 나라를 세웠습니다. 지금 우리는 엄청난 내전에 휩싸여 자유와 평등을 바탕으로 세운 이 나라가 존립할 수 있느냐 없느냐의 갈림길에 서 있습니다. 우리는 내전의 격전지였던 바로 이곳에 모였습니다. 우리는 격전지의 한 부분을 자유와 평등의 나라를 위해 목숨을 바친 이들에게 영원한 안식처를 마련해주기 위해 모인 것입니다. 이 일은 우리가 마땅히 해야 할 일입니다.

그러나 넓은 의미에서 우리는 이곳을 신성화하는 데 이바지할 수 없습니다. 죽기를 무릅쓰고 여기서 싸웠던 용사들이 우리의 미약한 힘으로는 더는 어떻게 할 수 없을 정도로 이미 이곳을 신성화했기 때문입니다. 오늘 이 자리에서 우리가 하는 말은 그다지 오래 기억에 남지 않겠지만, 그분들의 희생은 절대로 잊히지 않을 것입니다. 그러므로 살아 있는 우리는 그분들이 고귀하게 이루려다 못다 한 일을 완수하는 데 전념해야 합니다.

우리는 여기서 우리에게 남겨진 위대한 과제, 즉 명예롭게 죽어간 용사들이 죽음을 두려워하지 않고 헌신했던 대의를 위해 우리도 더욱 헌신해야 한다는 것, 그들의 희생이 절대 헛되지 않도록 우리의 결의를 굳건히 다지는 것, 하느님의 가호 아래 이 나라가 자유롭게 다시 탄생하리라는 것, 그리고 국민의, 국민에 의한, 국민을 위한(of the people, by the people, for the people) 정부는 이 세상에서 절대로 사라지지 않으리라는 것을 다짐해야 합니다." 링컨의 불과 2분 남짓한 게티즈버그 연설은 단순한 연설이 아니었다. 그것은 평생 고난을 통해 고양되고 위대해진 훌륭한 정신에서 나온 신성한 표현이었다. 링컨의 위대함은 국가위기에서 언어와 의지로 국민과의 소통으로 나라를 통합하고 바꾼 것이다.

게티즈버그 연설문

⊙ 소통은 서로의 생각이 막히지 않고 오해가 없는 것이다.

⊙ 소통은 상대방의 의사를 경청하고 파악하여 서로 공감하는 것이다.

⊙ 소통이 필요한 이유는 성격과 말하는 방법, 행동이 서로 다르기 때문이다.

⊙ 소통의 전제는 상대방이 나와 다르다는 것을 인정하는 것이다.

⊙ 소통의 본질은 일방적인 설득이 아니라 공감에 있다.

⊙ 소통하는 방법에는 말, 경청, 글, 칭찬, 유머, 눈 마주침, 몸짓 등이 있다.

⊙ 소통할 때는 품위 있는 단어를 쓰면서 차분하게 말한다.

⊙ 소통할 때는 긍정적이고 적극적인 말을 해야 한다.

⊙ 경청하는 것이 상대방의 마음을 여는 방법이다.

⊙ 상대방이 하는 말을 정확하게 듣고 이해하고 해석할 수 있어야 한다.

⊙ 글로 소통할 때는 정확한 단어를 써서 뜻을 명확하게 해야 한다.

⊙ 상대방이 인정받고 싶어 하는 것을 칭찬한다.

⊙ 웃음과 유머는 좋은 분위기를 만들어 소통을 원활하게 한다.

⊙ 상호 공감을 통한 눈 마주침이나 몸짓이 상대방의 마음을 움직인다.

⊙ 공감은 다른 사람과 의견, 감정, 생각, 처지에 대하여 서로 같다고 느끼는 것이다.

⊙ 공감대를 형성하기 위해서는 상황을 상대방의 입장에서 바라보아야 한다.

⊙ 갈등 해결의 관건은 소통과 공감이다.

⊙ 갈등의 예방과 해결을 위한 기본자세는 관용과 포용력이다.

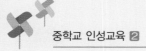

1 다음 중에서 소통과 관련된 내용을 바르게 설명한 것이 아닌 것은 무엇인가요?

① 인간은 자기 나름대로 성격과 말하는 방법, 행동이 서로 다르므로 소통에 문제가 생기는 것이다.

② 소통의 본질과 관건은 공감이 아니라 설득에 있다.

③ 자신의 이야기를 하기에 앞서 상대방이 말하는 것을 경청해야 한다.

④ 사람은 논리보다는 감성을 자극할 때 더욱 감동을 하므로 때로는 이성이 아니라 감성에 호소하여야 한다.

2 소통의 본질에 대해 서술하시오.

_____

3 빈칸에 적절한 단어를 기입하세요.

(   )하는 것이 상대방의 마음을 여는 방법이다.

4 공감대를 형성하기 위해서는 어떤 자세를 가져야 하는지 서술하시오.

_____

_____

5 경연 대회를 앞두고 집에서 피아노 연습으로 이웃과 갈등 상황에 벌어졌습니다. 갈등을 해결하기 위해 어떻게 해야 하는지 적어 보세요.

_____

_____

정답 1. ② 2. 각자 작성 3. 공감 4~5. 각자 작성

8 협동

📖 **학습목표**
• 협동의 의미를 이해하고 방법을 설명할 수 있다.
• 협동에서 근면의 중요성을 인식할 수 있다.

🛫 협동의 의미

협동은 두 사람 이상이 함께 공동의 목적이나 목표를 이루기 위해 추구하는 행위이다. 서로 마음과 힘을 합하여 더 큰 성과를 만들어내는 것이다. 협동은 자신이 속한 공동체 안에서 사람들과의 교류를 통해 이루어지는 활동이다.

협동은 사람과 사람이 어울려 살면서 기본적으로 익혀야 하는 덕목이다. 인간은 사회적 동물로 혼자 살아갈 수 없다. 사람들과 함께 어울리며 공동의 가치를 익히고 공동체 구성원으로서 살아가야 한다. 예전에도 우리나라에서는 *향약이나 *두레를 통해 협동이 이루어졌다. 현대 사회에서는 사회 구성원 간에 서로 의존해야 된다는 인식이 생기고 중요성이 대두되면서 협동이 필수 불가결한 가치가 되었다.

향약
조선 시대에 상부상조를 목적으로 만든, 향촌의 자치 규약.

두레
농촌에서 농사일을 공동으로 하기 위하여 마을 단위로 둔 조직

 올포원, 원포올 All for one, One for all

• 미어캣은 어떻게 협동 정신을 발휘할까?

사막의 작은 포유동물로 집단생활을 하는 미어캣은 '하나를 위한 모두, 모두를 위한 하나'라는 구호를 잘 지키며 살아가는 무리 중 하나이다. 먹이 피라미드에서 아래 단계에 속한 미어캣은 천적인 맹금류를

경계하기 위해 순번을 정해서 감시한다. 자기 차례의 보초 순번이 오면 다른 미어캣이 식사할 때도 땡볕에서 감시하고 맹금류가 공격해 오면 몸으로 동굴 입구를 막아 동료를 지키다 죽기도 한다. 우두머리 미어캣을 포함해서 그 어떤 미어캣도 자신에게 이 가혹한 보초의 순번이 돌아왔을 때 보초를 거부하지 않고 목숨을 걸고 임무를 수행한다.

암컷 미어캣은 한 번에 2~5마리의 새끼를 낳는데 암컷이 새끼를 낳으면 다 자란 다른 암컷들은 신기하게도 모두 젖을 만들어내어 새끼들에게 젖을 먹인다. 단 한 마리가 무리를 위해 죽기도 하고 단 한 마리를 위해 모든 무리가 사랑을 베풀기도 한다.

'백지장도 맞들면 낫다'는 속담이 있듯이 협동하면 쉬운 일은 보다 쉬워지고 어려운 일도 쉽게 할 수 있다. 개인이 아무리 훌륭한 역량을 지니고 있어도 협동하지 않으면 주어진 능력조차 온전히 발휘하지 못한다. 협동은 팀웍을 통한 성취를 가능케 한다.

인간은 불완전한 존재이며 개인의 능력에는 한계가 있으므로 다른 사람과의 협동으로 보완해 나가야 한다. 협동은 나와 동료가 함께 상생할 수 있는 *메커니즘이다. 인간은 스스로의 판단에 의한 자발적인 협동에 의하여 개인과 공동체의 발전에 이바지한다.

메커니즘(mechanism)
어떤 대상의 작동 원리나 구조

실 한 가닥은 미약한 힘에도 끊어질 수 있지만 수많은 실이 모이면 단단한 밧줄이 되어 거대한 배를 항구에 정박시키는 힘을 발휘한다. 한 방울의 물이 모여 연못이 되고, 개천이 되고, 강이 되고, 거대한 바다를 이룬다. 사람도 마찬가지다. 협동하면 개인이 발휘한 능력의 합계보다도 훨씬 크고 엄청난 성과가 이루어진다.

협동은 이미 생활 속에서 자연스럽게 이루어지고 있다. 학교에서 각종 모둠 활동을 하는 것, 무거운 물건을 함께 드는 것, 중창이나 합창하는 것 등이다. 특히 축구, 야구, 농구 등 단체 운동 경기에서 아무리 한 선수가 잘하더라도 동료 선수의 도움이 없다면 승리할 수 없다. 협동의 중요성을 인식하고 일상생활에서 더욱 많은 협동을 실천하여야 한다.

협동이 이루어지는 기초적인 단위는 가정이다. 그리고 학교, 직장, 사회로 넓어진다. 현대 사회에서는 모든 분야에서 협동이 이루어진다. 협동이 나와 너라는 개인 사이의 실천을 넘어서서 사회 곳곳 정치, 경제, 문화, 의료, 교육 등의 분야에 이르기까지 다양한 분야에서 새로운 형태로 나타나고 있다 특히 협동은 사회적 연대를 통해 다각적으로 나타나고 있으며 나라와 인종을 뛰어넘어 인터넷 플랫폼을 통해 글로벌하게 펼쳐지고 있다.

협동을 통해 효율을 높이기 위해서는 서로 양보하고 이해하면서 배려해야 한다. 성과를 낼 수 있을 때까지 끈기와 인내를 발휘해야 한다.

근면과 협동

고흐 〈일터로 가는 아침〉

일은 대부분 협동을 통해 이루어진다. 그러므로 일을 열심히, 최선을 다하는 근면의 자세를 가진 사람이 협동을 통해 효과적인 성과를 얻을 수 있다.

사람은 누구든지 일정한 때가 되면 일을 해야 한다. 일은 삶에서 여러 의미를 가지고 있다. 일을 통해 생활을 하고 삶의 보람을 느낀다. 일은 생활의 방편이기도 하지만 자아실현에 있어서 중요한 역할을 하므로 일을 한다는 것은 인생에서 중요한 가치이다.

인간의 삶에 있어서 일이 없다면 생활에 필요한 것을 얻지 못할 뿐만 아니라 무력감 또한 이루 말할 수 없이 클 것이다. 그러므로 인간은 일을 통해서 규칙적인 생활과 그 과정에서 어려움을 극복하고 문제를 해결하는 능력을 기르고, 성취감을 맛보는 것이다.

최선의 자세로 임하려면 자신이 좋아하는 일, 잘할 수 있는 일을 해야 한다. 자신이 좋아하는 일을 하다보면 자연스럽게 잘할 수 있는 가능성이 훨씬 높아진다. 하지만 자신에게 좋아하는 일이나 잘할 수 있는 일이 주어지면 좋겠지만 그렇지 않은 경우도 많다. 그러므로 주어지는 일을 좋아할 수 있는 일, 잘하는 일로 만들겠다는 자세가 매우 중요하다. 지금 하는 일을 사람들과 즐기면서 집중하여 최선을 다해야 한다. 이처럼 좋아하는 일, 잘할 수 있는 일로 만들어 협동을 통해서 능력을 최대한 발휘해야 한다.

🎤 가득 부운 포도주 잔의 교훈

• 포도주 잔을 들고 시내를 한 바퀴 돌아온 청년은 무엇을 느꼈을까?

> 쓸데없는 생각을 많이 하는 한 청년이 현자를 찾아와 "어떻게 하면 어는 일에 집중할 수 있습니까" 하고 물었다. 그러자 현자는 포도주를

꺼내어 잔에 가득 부어 청년에게 주면서 말했다. "포도주 잔을 들고 시내를 한 바퀴 돌아오면 일에 집중할 수 있는 방법을 가르쳐 주겠다. 만약 포도주를 약간이라도 엎지르면 벌을 내리겠다."

청년은 땀을 뻘뻘 흘리며 포도주를 엎지르지 않고 시내를 한 바퀴 돌아왔다. 그러자 현자가 물었다. "시내를 돌며 무엇을 보았느냐. 거리에 지나가는 행인들의 모습을 보았느냐? 아니면 장사하는 사람들의 소리를 들었느냐?" 청년이 대답했다. "포도주 잔에 신경을 쓰느라 아무 것도 보고 듣지 못했습니다." 그러자 현자가 말했다. "바로 그것이 일에 집중하는 방법이다. 한 가지 목표에 집중하면 잡념이 생기지 않는 법이다."

협동하여 일할 때 집중해야 한다. 아무리 약한 사람이라도 단 하나의 목표에 자신의 온 힘을 집중시킴으로써 무엇인가 성취할 수 있지만, 아무리 강한 사람이라도 힘을 분산하면 어떤 것도 성취할 수 없다. 협동을 잘하는 사람은 흔들림 없이 초점을 잡고 집중해 나간다.

일할 때 마음을 집중할 수 없거나 집중시키지 않는 사람, 다른 것을 뇌리에서 쫓아내지 못하거나 쫓아내지 않는 사람은 일을 제대로 할 수 없다. 일의 성과는 집중된 에너지에 의해 결정된다. 달성하려고 한다면 첫째도, 둘째도 집중, 또 집중해야 한다. 집중하지 못할 일은 과감하게 포기해야 한다. 한 번에 한 가지 일에 집중하여 전심전력을 쏟아야 한다.

진정으로 일에 몰두하고 있는 사람은 삶의 모습이 단순하다. 왜냐하면 쓸데없는 일에 마음을 쓸 겨를이 없기 때문이다. '미치지 않으면 미치지 못한다. 미쳐야 미친다'는 불광불급(不狂不及)이라는 말처럼, 미칠 정도의 열정 없이 이루어진 위대한 성취는 없다. 미쳐야 남과 다른 큰 성과를 이루어낼 수 있다.

협동 명언

- 우리는 혼자서는 거의 아무 것도 못한다. 함께 하면 많은 것을 할 수 있다. _헬렌 켈러

- 당신은 사과를 갖고 나도 사과를 갖고 서로 교환한다면, 당신과 나는 각자 사과 한 개씩 갖고 있을 것이다. 그러나 당신은 한 아이디어를, 나도 아이디어를 하나 갖고 있어서 서로 교환한다면, 우리 각자는 두 가지 아이디어들을 갖고 있을 것이다. _버나드 쇼

- 한 곳에 모이는 것은 시작이고, 같이 머무는 것은 진전이고, 같이 일하는 것은 성공이다. _헨리 포드

- 도움이 될 만한 사람과 그 일을 함께 하라. 누군가와 함께 하면 혼자 하는 것보다 효과적이고 포기하지 않는다. _윌리암 메닝거

- 최고이자 최선의 능률의 형태는 자유로운 시민의 자발적인 협력이다. _우드로 윌슨

- 벌들은 협동하지 않고는 아무것도 얻지 못한다. 사람도 마찬가지다. _허버트

- 우리는 다리, 손, 눈꺼풀, 그리고 아래 위 턱처럼 협동하기 위해서 태어났다. _아우렐리우스

- 성실하게 있는 힘껏 일하는 행위야말로 훌륭한 인간을 만드는 유일한 비결이다. 고생스러운 경험을 피하면서 훌륭한 인격을 완성하는 사람은 없다. _이나모리 가즈오

- 재미는 선택사항이 아니다. 목표하는 바를 끝까지 완수하고 싶다면 재미는 맨 처음 챙겨야 할 요소다. _존 에이커프

협동 시

오케스트라

협동은 오케스트라와 같은 것이다
오케스트라는 각양각색의 악기들이 모여
하나의 아름다운 소리를 낸다

다른 악기의 연주자들과
호흡을 잘 맞춰서
각자의 악기에서 뿜어져 나오는 소리가
함께 어우러진
조화롭고 아름다운 연주를 해야 한다

때로는 자신을 최대한 절제하여
아름다운 하모니를 이뤄야 한다
협동도 마찬가지이다
인내하고 배려하면서
아름다운 성과를 내야 한다

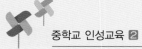

◉ 협동은 두 사람 이상이 함께 공동의 목표를 달성하기 위해 추구하는 행위이다.

◉ 협동하면 쉬운 일은 보다 쉬워지고 어려운 일도 쉽게 할 수 있다.

◉ 개인의 능력에는 한계가 있으므로 다른 사람과의 협동으로 보완해 나가야 한다.

◉ 협동은 나와 동료가 함께 상생할 수 있는 메커니즘이다.

◉ 협동하면 개인이 발휘한 능력의 합계보다도 훨씬 크고 엄청난 성과가 이루어진다.

◉ 협동의 중요성을 인식하고 더욱 많은 협동을 실천하여야 한다.

◉ 협동이 이루어지는 기초적인 단위는 가정이다.

◉ 협동할 때는 서로 양보하고 이해하면서 배려해야 한다.

◉ 근면의 자세를 가진 사람이 협동을 통해 효과적인 성과를 얻을 수 있다.

◉ 일은 생활의 방편이기도 하지만 자아실현에 있어서 중요한 역할을 한다.

◉ 자신이 좋아하는 일, 잘할 수 있는 일을 해야 한다.

◉ 주어지는 일을 좋아할 수 있는 일, 잘하는 일로 만들겠다는 자세가 중요하다.

◉ 지금 하는 일을 사랑하고 즐기면서 집중하여 최선을 다해야 한다.

확인하기

1 조상들의 협동 정신인 상부상조의 전통에는 무엇이 있나요?

....

....

2 생활 속에서 이루어지고 있는 협동에는 어떤 것이 있나요?

....

....

3 내가 지금까지 협동한 경험에는 어떤 것이 있나요?

....

....

4 빈칸에 적절한 단어를 기입하세요.

협동이 이루어지는 기초적인 단위는 (   )이다.

5 앞으로 직업 선택의 관점에서 내가 좋아하는 일은 무엇인가요?

....

....

6 앞으로 직업 선택의 관점에서 내가 잘하는 일은 무엇인가요?

....

....

03

예방 교육

1 학교폭력 예방

📖 학습목표 ・ 학교폭력의 유형과 예방 방법에 대해 설명할 수 있다.
・ 학교폭력 예방과 관련하여 친구의 중요성을 인식할 수 있다.
・ 학교폭력의 주요 원인인 분노 조절에 대해 설명할 수 있다.

🛩 학교폭력의 유형

학교폭력이란 학생 간에서 일어나는 폭행, 상해, 왕따, 모욕, 공갈, 강요, 위협, 감금, 약취, 유인, 강제적인 심부름, 명예훼손, 성폭력, 사이버폭력, 면박하기, 빈정거림, 핀잔주기를 이용하여 학생의 신체적·정신적·재산적 피해를 주는 행위이다. 이처럼 신체폭력, 언어폭력, 사이버 폭력, 금품 갈취, 따돌림 등 다양한 형태로 학교폭력이 존재한다.

남학생들은 신체폭력, 금품 갈취 등 겉으로 드러나는 사례가 많고, 여학생들의 경우는 따돌림이나 욕설과 같은 사례가 많다. 스마트폰으로 인해 SNS에서의 폭력도 상당하고 그것을 견디지 못하는 청소년이 많다.

학교폭력의 양상이 점점 흉포화 되고 연령대가 낮아지면서 학교폭력으로 자살하는 청소년의 비율도 증가하고 있다. 그렇기 때문에 왕따나 학교폭력의 피해자가 된 청소년들은 학교 가는 것에 극도의 공포를 갖게 되고, 더 이상 해결 방법이 없다고 생각하면서 내가 없어지면 끝이 난다는 생각에 자살을 선택하게 된다. 학교 친구들로부터 집단 폭력의 고통에 시달리다가 자살을 하는 학생과 학교생활에 적응하지 못해 왕따가 되어 자살하는 학생들이 많다.

사례 1 ·· 왕따와 학교폭력

한 중학생이 학교에서 집단 따돌림을 당하여 폭력이 두려워 걱정하
자 어머니가 학교로 마중을 나갔다가 왕따를 하는 학생들 중 한 명
을 만나 꾸중을 하자 나중에 아들에게 집단으로 폭력을 행사하여
중상을 입었고 정신분열 증세까지 보였다.

사례 2 ·· 학교폭력에 의한 사망과 구속

고등학교 여학생이 선배와 동급생 4명으로부터 집단 폭행당해 뇌진
탕으로 숨졌다. 1시간 동안 얼굴과 머리, 다리 등을 마구 맞아 의식
불명 상태에 빠져 병원으로 후송됐으나 사흘 만에 사망한 것이다.
가해 학생들은 상해치사 혐의로 구속되었다.

사례 3 ·· 왕따에 의한 자살

학교에서 '왕따'에 시달리던 중학생이 가족과 담임교사의 무관심속
에 학교도 가지 않고 사흘간 혼자 고민하다 장롱 옷걸이에 전선으
로 목을 매 스스로 목숨을 끊었다. 같은 반 친구들로부터 '왕따'를
당하던 이 학생은 등교를 하지 않은 채 혼자 집에서 고민을 해오다
스스로 목숨을 끊었다. 학생은 일기장에서 "학교에 가면 친구들이
이상한 별명으로 놀린다. 스트레스를 받아 머리카락이 다 빠진다.
이제 떠나고 싶다"라고 수차례 괴로움을 토로하고 있었다.

사례 4 ·· 왕따 치유

학생 수가 많지 않은 시골의 작은 중학교에서 왕따로 고민하던 여학생이 있었다. 학교에서 학생들에게 교복을 지정하지 않아 평상복을 입고 등교를 했는데 그 여학생은 집이 가난하여 같은 옷을 입고 등교할 때가 많았다. 그리고 여학생은 스스로 급우들과 어울리지 못하고 혼자서 조용히 학교생활을 했다. 그러자 급우들이 그 모습을 보고 "단벌! 단벌!" 하면서 놀리기 시작했고, 때로는 신발에 곤충을 넣어놓거나 물을 부어놓기도 했고 대놓고 놀리기 시작했다.

여학생은 하소연할 친구도 없어서 고민을 거듭하다가 급기야 가방에 농약을 넣어 다녔다. 그러다가 인터넷을 통해 학교폭력 예방을 위한 상담 기관을 알게 되었고 자신의 고민을 진지하게 상담하게 되었다.

상담 기관에서는 여학생을 찾아와 고민을 직접 듣고 조언을 했으며, 학교에 사실을 알리고, 가해 학생들과도 만나 왕따와 놀림을 하지 못하도록 충고했다. 그리고 지속적으로 피해 여학생과 메일을 주고받으며 고민을 들어주고 해결책을 제시하면서 격려를 아끼지 않았다.

여학생은 점차 마음의 상처를 치유하여 활기를 되찾게 되었고 공부에도 매진할 수 있었다. 급우들은 이 여학생에게 자신의 잘못을 사과하고 함께 어울리며 즐겁게 학교생활을 시작했다.

🖋 학교폭력의 원인

학교폭력의 원인은 학우 간에 공감하지 못하는 갈등 상황에서 분노를 조절하지 못해 일어나거나 소유욕을 채우기 위해서나 심지어 폭력을 통해 쾌감을 느끼기 위해서도 행해진다.

학교폭력과 친구

학교폭력은 대개 동급생이나 상하급생 사이에서 벌어지는 행위이다. 진정한 친구 사이에서는 상호 예의를 지키므로 절대 학교폭력이 일어나지 않는다. 그러므로 친구에 대한 자신의 주관을 확립하고 올바른 친구를 사귀어야 한다.

 진정한 친구

• '피시아스'와 '다몬'은 어느 정도의 친구일까?

기원전 4세기경, 그리스에 '피시아스'라는 사람이 억울한 일에 연루되어 교수형을 당하게 되었다. 그는 부모님께 마지막 인사를 하게 해 달라고 간청을 했지만 왕은 허락하지 않았다. 그런데 피시아스의 친구인 '다몬'이라는 사람이 왕을 찾아왔다. "폐하! 제가 친구의 귀환을 보증하겠으니 그를 집으로 잠시 보내주십시오."

왕이 그에게 "만일 피시아스가 돌아오지 않는다면 어떻게 하겠느냐"라고 묻자 "친구를 잘못 사귄 죄로 대신 교수형을 받겠습니다"라고 대답했다.

왕은 허락하는 조건으로 다몬을 감옥에 가두었다. 그런데 약속했던 날이 되었는데도 피시아스는 돌아오지 않았다. 정오가 가까워지자 다몬은 교수대에 끌려 왔다. 사람들은 우정을 저버린 피시아스를 질책하자 다몬이 사람들에게 큰소리로 외쳤다. "제 친구 피시아스를 욕하지 마세요. 분명 사정이 있을 겁니다."

왕이 집행관에게 교수형 집행을 명령했다. 그런데 바로 그때 멀리서 피시아스가 고함을 치며 달려왔다. "폐하, 제가 돌아왔습니다. 다몬을 풀어주십시오." 두 사람은 서로 끌어안았고, 작별을 고했다. 이들을 지켜보던 왕은 아름다운 그들의 우정에 감동하여 자리에서 벌떡 일어나 큰소리로 외쳤다. "피시아스의 죄를 사면해 주노라."

왕은 그 같은 명령을 내린 뒤 나직하게 혼잣말을 했다. "내 모든 것을 다 주더라도 이런 친구를 한 번 사귀어 보고 싶구나."

우정은 친구 사이에 나누는 따뜻한 정으로서 많은 시간을 함께 한다고 해서 저절로 생기는 것이 아니라 교류하면서 깊은 유대 관계를 맺을 때 생겨난다. 이 과정에서 사랑과 성실함과 인내가 필요하다. 진정한 우정이란 물과 기름이 아니라 서로 섞이고 녹아들어 하나가 되는 것으로 오랫동안 서로를 이해한 후에 이루어지고 쉽게 뜨거워지지 않고 쉽게 식지 않는 것이다.

진정한 우정 발휘는 즐거움과 괴로움을 함께 나누는 것이며 친구가 좋은 일이 있을 때 진심으로 축하해 주는 것을 보면 알 수 있다. 왜냐하면, 상대 친구가 좋은 일이 있으면 자칫 시기나 질투의 감정이 생길 수 있기 때문이다.

학교폭력과 분노

학교폭력 원인 중의 하나는 분노이다. 상대방에 대한 분노이든, 자기 자신에 대한 분노이든, 상대방이 아닌 다른 사람 때문에 생긴 분노이든, 세상에 대한 분노이든 이를 특정인에게 폭발시키는 것이 학교폭력이다. 그러므로 분노를 잘 관리하여야 한다.

≪활인심방 活人心方≫
본문

퇴계(退溪) 이황(李滉,
1501~1570)
조선 중기의 문신·학자

 ≪활인심방 活人心方≫ 중에서

• 분노가 치밀어오를 때 어떻게 하라고 했을까?

퇴계 이황은 저서 ≪활인심방 活人心方≫에서 분노가 치밀어오를 때 무형의 정신적인 약재인 화기환(和氣丸)을 복용하여 화를 누그러뜨리라고 하고 있다. 그는 만병의 근원은 마음에 있음을 깨닫고, 화가 부글부글 끓어오르거나, 마음이 답답하거나, 갑작스럽게 충동이 생길 때 마음을 다스리기 위해 이 화기환을 만든 것이다.

화기환은 기운(氣)을 조화롭게(和) 하는 약(丸)이라는 뜻이다. 이 화기환은 눈에 보이는 약이 아니라 무형의 정신적인 약으로 참을 '인(忍)'

이라는 글자이다. 즉 화기환은 단 하나의 약재로 만드는
데 바로 참을 인(忍)이다. 글자 인(忍)은 마음(心) 위에
칼날(刃)이 있는 모양이다. 만약 마음이 화가 나서 참지
못하고 펄쩍 뛴다면 바로 위에 있는 칼날에 찔려 다치게
될 것이다.

　퇴계 이황은 화기환을 복용하는 방법에 대해 "이 약은
참아야 할 때 먹는 것이다. 사람의 병은 화를 참지 못해
서 마음으로 생긴 것이 많으므로 이 화기환으로 마음을 다스려야 한
다. 이 약을 먹을 때는 말을 삼가고, 알약을 먹는 것처럼 입에 넣고 입
을 꼭 다물고 침으로 참을 '인(忍)'자를 녹여서 천천히 씹어서 삼키면
즉시 효과가 나타나면서 낫게 한다."라고 했다. 소인은 분함을 참지 못
해 자신을 망치지만 군자는 참음으로써 덕을 이룬다는 것이다.

　분노란 마음속의 일이므로 다스리는 것도 마음속의 일이다. 분
노가 일어나면 심호흡을 하고 마음을 추스른 다음에 분노가 일
어난 이유에 대해 "왜"라고 자문해 본다. 무엇이 나를 분노하게
하는지, 상대방이 분노하는 이유가 무엇인지, 무엇 때문에 다투
게 되었는지 헤아려 분노를 다스리며 용서와 화해로 풀어주면 분
노는 삶에 활기를 불어 넣어주는 계기가 될 수 있다.

　사막에 갇힌 차의 타이어의 바람을 빼 접지 면적을 넓혀주듯
신문을 찢거나 격렬한 운동이나 기도로 분노를 뽑아낸다. 차량의
엔진 오일을 교환하듯 다른 좋은 에너지로 바꾼다. 분노의 에너
지를 긍정적 사랑의 에너지로 재충전한다.

🖋 피해학생과 가해학생 후유증

학교폭력은 피해학생과 가해학생 모두에게 심각한 후유증을 남긴다. 학교폭력은 피해학생의 인간 존엄성을 파괴하는 행위이다. 폭력에 직접적으로 노출되었던 피해학생은 심리적으로 우울과 불안과 무력감에 시달리며, 타인에 대한 불신이나 원망, 미움의 감정으로 고통을 받는다. 여러 정서적 불안정으로 대인관계에 어려움을 겪고 현실 적응 능력이 떨어진다.

폭력을 행사한 가해학생은 공격적이며 공감 능력이 결핍된 예가 많다. 타인에 대한 배려심이 현저히 낮을 뿐 아니라 폭력 친구들끼리 관계를 형성한다. 특히 학교폭력을 저지른 후에 학교에서 처벌 받거나 법적으로 구속되어 처벌 받는 경우에 일생동안 씻을 수 없는 과오가 되어 앞으로의 삶에 커다란 지장을 받게 된다.

학교폭력을 다스리지 못하면 군대폭력, 사회폭력, 가정폭력으로 이어져 인생 자체가 폭력으로 얼룩진 삶을 살게 된다. 꿈 많고 창창한 미래가 펼쳐져 있는 청소년기에 학교폭력을 저질러 인생에 오점을 남겨서는 안 된다.

🖋 학교폭력에서 벗어나는 방법

분노 조절을 하지 못해 학교폭력을 행사하는 학생은 분노가 일어날 때 조절하는 방법을 터득해야 한다. 소유욕을 채우기 위해 폭력을 행사하는 것도 큰 범법 행위이므로 자기관리를 철저히 해야 한다. 그리고 폭력에 쾌감을 느끼게 되면 점점 폭력에 중독되므로 애초에 상담을 받거나 정신적 치료를 받아야 한다. 학교폭력을 예방해야 하며, 학교폭력이 일어났을 때는 가해학생이든 피해학생이든 이를 해결하기 위해 적극적으로 대처해야 한다.

학교폭력을 일으키지 않기 위해서는 학우 간에 의사소통을 원활하게 하여 갈등을 줄이거나 없애야 한다. 사회적 분위기나 제도적 차원에서 폭력 예방 노력이 있어야겠지만 무엇보다 자신이 폭력에 대한 문제점을 인식하고 폭력을 저지르지 않고 예방에 앞장서야 한다.

폭력을 당하는 상황에서는 폭력의 부당성을 명확하게 표현해야 하며, 피해학생은 용기를 가지고 자신의 상황을 주변에 알리고, 부모님이나 선생님, 전문가에게 적극적으로 도움을 요청해야 한다. 필요한 경우에는 법이나 제도, 외부 기관을 적극적으로 활용한다. 또한, 주변의 학우들은 따돌림을 당할 것을 두려워하여 방관자가 되지 말고 폭력 상황을 학교와 선생님께 알려야 한다.

☑ 학교폭력 신고할 곳

- **신고전화:** 국번 없이 117
- **학교폭력 온라인 신고:** www.safe182.go.kr
- **학교폭력 모바일 신고:** m.safe182.go.kr

친구

너는 친구가 몇 명이나 있니? 그냥 같이 어울리는 친구 말고, 정말 서로 우정을 나누는 친구 말이야. 네가 좋은 성적을 받으면 진심으로 축하해주고 네가 고민이 있거나 힘들면 격려해주는 친구, 이런 친구가 진짜 친구야. 그냥 놀 때 같이 어울리고 네가 좋은 성적을 받으면 자신의 내신 등급이 떨어진다고 시기와 질투를 하는 친구는 친구가 아니라 그냥 같은 반 급우일 뿐이야.

좋은 친구를 만나는 것은 쉽지 않아. 중학시절은 정신적 성숙과 지적 발달을 보이면서 친구를 사귀고자 하는 마음이 일어나는 시기야. 중학시절은 대학입시에 몰두해야 할 고교 시절과는 달리 친구를 사귈 시간과 마음의 여유가 있어. 중학시절은 어떤 조건을 떠나 친구를 사귈 수 있는 좋은 시기지. 대학 시절이나 그 후 사회생활에서의 친구 사귀기는 중학시절의 순수함보다는 비슷한 능력이나 수준, 이해관계에 따라 인간관계가 맺어지므로 진정한 친구를 사귀기가 쉽지 않아. 마음이 순수하고 아름다운 중학시절의 우정은 계산을 하지 않기 때문에 평생 동안 갈 수가 있어.

친구를 잘 만나거나 잘못 만나는 것이 운명을 결정하는 경우가 많아. 마이크로소프트사의 빌 게이츠, 애플의 스티브 잡스, 페이스북의 마크 주커버그는 모두 진한 우정을 바탕으로 20대 초반에 친구와 함께 창업하여 오늘날 세계적인 기업으로 만들었어. 이들은 친구끼리 서로 부족한 부분을 보완하면서 회사를 발전시킨 거야.

이와 반대로 이런 경우도 있어. 전도유망했던 국가대표 축구선수가 친구의 꾐에 빠져 승부조작에 가담한 사건 말이야. 결국 발각되어 영구 제명되어 선수 생활에 종지부를 찍은 거지. 그 후 어쩔 수 없어 사업을 벌이다가 실패하자 그 친구와 함께 부녀자 납치 사건을 저질러 감옥에 갔어. 친구 잘못 만나서 인생이 엉망이 되어버린 거지. 정말로 너무나 불행한 사건이야. 친구 한 사람 잘못 만나면 패가망신 정도가 아니라 인생이 끝장난다는 사실을 너무나 잘 보여주고 있는 사건이야.

요즈음 학교에서의 폭력 서클도 마찬가지야. 잘못된 친구들끼리 만나서 행패를 부리는 폭력 조직이야. 학교폭력으로 자살하는 사건도 친구들끼리 잘못된 만남에서 비롯된 것이 많아. 애초에 그런 친구들과는 만나거나 어울리지 말았어야 하는 건데

142

사전에 파악하기가 쉽지 않겠지? 너는 주위에서 친구 잘못 만나서 잘못되는 경우를 종종 볼 거야.

이런 때 흔히 "친구 때문에"라는 말을 많이 하지만 그 친구도 "친구 때문에"라는 말을 똑같이 할 거야. 부모들도 마찬가지 심정일 거야. "친구를 잘못 사귀어서"라고 하면서 자기 자식이 아니라 상대방을 탓해. 이것은 잘못된 판단이야. 친구가 되었으면 서로에게 영향을 주고받는 것이므로 똑 같은 평가를 받을 수밖에 없어. 동물은 같은 종류끼리 모이고 친구는 같은 부류끼리 사귀는 거야. 그러니 끼리끼리 어울리기 마련이므로 친구를 보면 그 사람을 알 수 있는 거지. 네 친구를 보면 네가 어떤 사람인지 알 수 있어.

인생에서 친구는 소중한 축복이고 행운이며 보물이야. 좋은 친구를 만나면 훌륭한 사람이 될 수 있고, 나쁜 친구를 만나면 영영 구제될 수 없는 실패한 인생으로 전락될 수 있는 거야. 한창 감수성이 예민한 사춘기 시기인 너에게 있어서 또래의 친구는 너의 인격 형성이나 생활에 엄청난 영향을 끼치지. 친구 잘 만나서 잘 사귀는 것이 성적이나 생활, 성격 형성에 결정적일 수 있지. 친구의 우연한 자극이 인생의 전환점이 되는 경우가 많아. 친구의 한 마디 충고, 친구의 한 가지 행동에 자극을 받아서 인생행로가 바뀌어 버리는 경우가 종종 있어.

무한한 가능성이 펼쳐져 있는 중학시절에 사귄 친구는 일생을 살아가는데 큰 힘이 되고, 격려가 되고, 자극이 되고, 조언자가 되고, 의지할 수 있는 진정한 친구가 될 수 있어. 하지만 나쁜 친구를 만나면 영영 헤어날 수 없는 삶을 살게 돼. 정말 친구를 잘 사귀어야 해. 좋은 친구는 본받을 만한 사람이며 나쁜 친구는 나쁜 영향을 미치고 곤경에 빠지게 하는 자야. 부도덕하거나 어리석은 자와 어울리지 말아야 해. 접근해 오면 눈치 채지 않게 멀리해버려.

그러므로 무조건적으로 친구를 사귀어서는 안 돼. 친구가 많은 것이 바람직한 일이 아니라 좋은 친구를 단 한 명이라도 갖는 것이 중요해. 좋은 친구를 만나서 진정한 우정을 나눠야 해. 정직하고 성실한 친구를 사귀려면 자신이 먼저 좋은 친구감이 되어야 한다는 것을 명심하고 그렇게 되도록 노력하기를 바란다.

– 윤문원 ≪길을 묻는 청소년≫ 중에서

2 자살 예방

🔲 학습목표 • 청소년 자살의 양상과 원인을 설명할 수 있다.
• 청소년 자살 예방 방법을 설명할 수 있다.

✈️ 청소년 자살 양상

사전에는 자살을 '고의적으로 자신에게 부과한 죽음이다. 강렬한 고통을 초래하는 문제 혹은 위기로부터 탈출 하고자 하는 방법이다'라고 정의한다. 자살은 고의로 자기를 해치거나 죽음에 이르게 하는 생각과 행동이다. 자살은 한 개인이 절망적인 상황에서 해결 방법이 없고 희망이 없다고 여겨질 때 시도하는 극단적인 행동이며 가장 심각한 정신 병리이다.

미래의 꿈에 부풀어야 할 청소년 시기에 '자살'이라는 끔찍한 생각을 하고 선택한다는 것은 큰 불행이다. 하지만 청소년 자살 사고는 점점 더 심각한 양상을 띠고 있다. 우리나라는 *OECD 국가 중 자살률 1위이며, 특히 청소년의 경우 사망 원인 1위가 자살이다.

OECD(Organization for Economic Cooperation and Development)
경제 협력 개발 기구

우리 사회에서 청소년 자살은 적극적인 개입이 필요한 심각한 사회 문제이다. 자살은 일회적이고 순간적인 병리가 아니라 만성적으로 진행되는 병리이며 청소년의 자살 행동은 여러 요소들이 복잡하게 연관되어 있는 문제이다.

청소년기의 자살이 일반인과 다른 특징은 청소년기는 아동기에서 성인기로 전환해 가는 '질풍노도의 시기'이다. 심리적으로 안정과 균형을 이루지 못하고 자신의 정체성에 대한 혼란과 미래가 불확실하다는 생각이 순간적으로 작용하여 성인에 비해 충동적인 자살의 경우가 많다. 친구나 다른 사람들과 함께 동반 자살을 하기도 하고 연예인이나 유명한 사람들의 자살을 모방하기도 한다. 현실이 아닌 사이버 공간에서의 자살을 현실과 구분하지 못하고 자살하기도 한다.

청소년 자살 원인

우울증, 불안장애, 외상 후 스트레스 장애, 학업 스트레스, 성적 비관, 지나친 경쟁, 학교폭력과 왕따, 이성 문제, 원만하지 못한 교우 문제, 실패에 따른 좌절감, 선천성 장애, 사고 후유증, 질병에 의한 건강 문제, 경제적 어려움, 가정불화, 결손 가정, 모방 자살, 약물 중독, 주변 사람에 대한 분노, 자신의 무능함에 대한 자괴감, 미래에 대한 불안 등 굉장히 다양하다.

이와 같은 다양한 원인들을 종합해 보면, 시련과 실패 그리고 걱정과 불안이며 이에 따른 절망감이 마음의 감기라고 부르는 우울증으로 자리 잡아 자살에 이르게 하는 것이다.

자살의 원인은 한 가지로 요약할 수 없고, 복잡하고 다양한 요인들이 관여되어 있다.

시련과 자살

자신이 나름대로 판단하기에 견디기 힘들 정도의 시련이 닥치면 이를 회피하기 위해 자살을 떠올리고 시도하기도 한다. 그런 면에서 시련에 대하여 올바른 시각을 가지고 긍정적으로 받아들이면서 시련을 관리해야 한다. 삶을 영위하는 과정에는 시련이 있게 마련이므로 시련을 견디고 극복하는 마음가짐을 가져야 한다.

145

쿠르베 〈절망적인 남자〉

니체(Friedrich
Nietzsche,
1844~1900)
독일의 철학자이자 시인.
저서로 ≪자라투스트라
는 이렇게 말했다≫ 등이
있음.

 니체 어록

> 악천후나 폭풍을 겪지 않고는 큰 나무로 자랄 수 없다. 온갖 불행과
> 시련은 나약한 인간에게는 독이지만 강인한 사람에게는 위대한 인간
> 으로 성장할 수 있는 자양분이다.

 아카시 해안의 굴

• 왕은 왜 아카시 해안의 굴과 같은 사람이 유능하다고 했을까?

> 16세기 일본의 막부 중의 한 왕이 신하로부터 질문을 받았다.
> "폐하께서는 어떤 사람이 유능한 사람이라고 생각하십니까?"
> "유능한 사람은 아카시 해안의 굴과 같은 사람이오."
> 신하는 그 답변을 듣고 이해할 수 없었다.
> "폐하의 말씀을 잘 이해하지 못하고 있습니다."
> 그러자 왕이 설명했다.

"아카시 해안은 폭풍우와 거센 파도가 가장 심한 곳이오. 폭풍우와 거센 파도가 그곳에 서식하고 있는 굴을 계속 때리지만 그 곳에서 가장 맛이 좋은 굴이 생산되고 있소. 역사적으로 유능한 사람은 온갖 시련을 딛고 탄생했소."

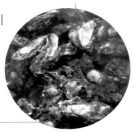

신은 큰일을 하려는 사람에게 먼저 시련을 경험하게 한다. 신은 자신이 인정하고 사랑하는 사람에게 시련을 주어 시험하고 단련시킨다. 하늘이 장차 큰 사명을 주려할 때는 먼저 시련을 주어 인내로써 담금질하여 하늘의 사명을 감당할만하도록 역량을 키우기 위함이다. 신은 감당할 만한 정도의 시련을 안긴다. 시련은 능력을 시험하기 위해 주어진 것이다. 시련은 약한 것이 강하게 되고, 두려운 것에 용감하게 맞서고, 지혜로 혼란을 극복하라고 가르친다.

 ≪주역≫ 중에서

어려운 역경을 이겨내고 극복하면 더욱 위대해진다.

시련을 없게 하는 것이 아니라 극복할 의지를 키워야 한다. 시련은 사람의 진가를 알 수 있는 시금석이다. 비관론자는 시련을 겪을 때 문제점만을 보고 굴복하지만 낙관론자는 시련에 감추어져 있는 기회를 찾아내어 활용한다. 시련에 직면하여 초조와 불안에 휩싸여 허둥대지 말아야 한다. 담대한 낙관주의와 긍정적 사고로 역경을 기회로 반전시켜야 한다.

실패와 자살

실패했을 때 좌절감에 젖어 자살 충동을 느낄 수가 있다. 눈앞에 닥친 실패를 과장하여 받아들여서는 안 된다. 실패를 어떻게 바라보고 받아들이는가는 마음의 평정을 유지하는 데 있어서 매우 중요하다. 있는 그대로 받아들이면서 이를 잘 관리하고 해결책을 모색해야 한다. 그래야 좌절하지 않고 마음의 안정을 얻고 새로운 용기를 가지고 다시 일어설 수 있다.

톨스토이(Lev Tolstoy, 1828~1910)
러시아의 소설가. 사상가. 저서로 ≪전쟁과 평화≫ ≪부활≫ ≪안나 카레니나≫ 등이 있음.

🎤 레프 톨스토이 어록

> 선한 노력은 반복될 때만이 힘을 발휘한다. 넘어지면 다시 일어나라. 다시 노력해야 할 때 절망 속에 주저앉아버리면 안 된다.

🎤 스티브 잡스의 실패관리

• 스티브 잡스는 자신이 창업한 애플에서 경영 실패 후 어떻게 재기했을까?

> 스티브 잡스(Steve Jobs, 1955~2011)의 친어머니는 대학원생인 젊은 미혼모였기 때문에 입양되어 잡스는 양부모 밑에서 성장하면서 대학에 입학했으나 학비 조달이 어려워 6개월 만에 자퇴했다. 당시는 참으로 끔찍한 순간이었지만, 스티브 잡스에게는 인생 최고의 결정 중 하나였다. 자퇴하자 평소에 흥미 없던 필수 과목 대신 훨씬 흥미 있는 강의만 들을 수 있었다. 그는 호기심과 직감만을 믿고 좌충우돌하면서 다양한 경험을 했다. 특히 서체 수업을 듣고 멋진 글씨체의 매혹에 빠졌는데 후에 정말 값진 것이 되었다. 그는 이처럼 1년 6개월 동안 강의를 골라 듣다가 완전히 자퇴했다.
> 그때만 해도 이런 것이 스티브 잡스의 인생에 실질적으로 적용이 될지는 상상도 못 했다. 그는 20세 때, 양부모의 집 차고에서 스티브

위즈니악과 함께 애플을 창업하고 29세 때 매킨토시를 출시했다. 그가 매킨토시를 구상할 때 수업에서 배운 서체를 고스란히 되살려 아름다운 서체를 가진 최초의 컴퓨터를 만든 것이다.

애플이 점점 성장하면서, 그는 유능한 경영자를 고용했다. 처음 1년은 그런대로 그와 잘 맞았지만 1년 후 서로 어긋나기 시작했고, 결국 둘 사이에 갈등이 일어났다. 그때 이사회는 고용 경영자의 편을 들었고, 그는 서른 살에 자신이 세운 회사에서 쫓겨나야 했다. 그는 인생의 초점을 잃어버렸고, 말할 수 없는 참담한 심정을 안게 되었다.

그는 몇 개월 동안 아무것도 할 수가 없었다. 마치 달리기 계주에서 배턴을 놓친 선수처럼, 선배 기업인들을 실망하게 했다는 마음이 들었다. 그는 완전히 실패자로 전락했고, 실리콘 밸리에서 도망치고 싶었다. 그러나 그의 마음속에 뭔가가 천천히 다시 일어나기 시작했다. 그는 여전히 그가 했던 일을 사랑했고, 애플에서 겪었던 일들조차도 그런 마음들을 꺾지 못했다. 그는 해고당했지만, 여전히 일에 대한 사랑은 식지 않았다. 그는 다시 시작하기로 마음먹었다.

당시에는 몰랐지만, 애플에서 해고당한 것은 그의 인생에서 최고의 사건으로 드러났다. 그 사건으로 인해 그는 성공이란 중압감에서 벗어나 초심자의 마음으로 돌아가 자유를 만끽하며, 인생 최고의 창의력을 발휘하는 시기가 될 수 있었다.

이후 5년 동안 그는 〈넥스트〉 〈픽사〉를 창업했고 사랑하는 아내를 만났다. 〈픽사〉는 세계 최초의 애니메이션 '토이 스토리'를 시작으로, 가장 성공한 애니메이션 제작사가 되었다. 세기의 사건으로 평가되는 애플의 〈넥스트〉 인수와 그의 애플 복귀 후, 〈넥스트〉 시절 개발했던 기술들은 애플의 르네상스에 중추적인 역할을 했다.

애플에서 해고당하지 않았다면, 이런 일들은 일어날 수 없었을 것이다. 정말 지독한 경험이었지만, 그에게는 필요했고 효과가 높은 쓰디쓴 실패의 약이었다.

누구에게나 삶이 마냥 순탄치만은 않다. 성공한 사람들의 삶을 들여다보면 깊은 좌절과 한숨으로 보내야 했던 시기가 있다. 수많은 작은 실패가 모여 발전을 이룬다. 성공의 크기는 얼마나 많이 실패하느냐에 달려 있다. 어떤 사람이 뭔가를 나보다 잘한다면, 그건 그 사람이 나보다 그 일에서 더 많은 실패를 맛보았기 때문이라고 생각하라. 어떤 사람이 나보다 못하다면, 그건 그가 나보다 실패의 고통을 덜 경험했기 때문이라고 생각하라.

포기하지 않으면 언제나 다시 출발할 수 있다. 뜻이 있으면 오뚝이처럼 다시 설 수 있다. 중단하지 않은 사람만이 승리할 수 있다. 하지만 도저히 가망 없는 일이라 판단되면 포기하고 다른 길을 찾아야 한다. 그래야 실패에서 벗어나 새로운 길을 모색할 수 있다.

노력한 것이 아까워서, 실패를 인정하기 싫어서 과거와의 단절을 해내지 못하는 경우가 많다. 위험한 덫은 손에 잡힐 듯 말 듯한 성공으로 보이지만 결국 실패로 끝나고 마는 경우가 다반사다. 가망 없는 일은 그만둘 줄 알아야 한다.

신은 한쪽 문을 열어 놓고 다른 쪽 문을 닫는다. 닫힌 문을 너무 쳐다보면 열려 있는 등 뒤의 문을 보지 못한다. 닫힌 문 대신 더 나은 방향을 찾아 나갈 수 있어야 한다. 버리고 떠난다는 것은 포기하는 것이 아니라 움직이는 것이며 꿈을 실현하기 위한 방향 전환이다. 삶의 방향키를 바꾸는 새로운 도전의 시작으로 용기이며 결단이다.

버리고 비워야 새것이 들어설 수 있다. 버리고 비우는 일은 적극적인 삶의 자세이며 지혜로운 선택이다. 때로는 포기란 단순한 포기가 아니라 더 큰 것, 더 나은 길로 가기 위해 감수하고 희생해야 할 부분이다.

걱정과 자살

누구나 삶에서 걱정거리를 만나고 걱정을 하면서 살아간다. 지나친 걱정은 영혼을 망가뜨리게 하여 자살 충동을 일으키는 원인이 되기도 한다. 그러므로 걱정을 잘 받아들여서 제대로 관리를 하는 것은 매우 중요하다. 그래야 마음의 안정을 가져와서 정상적인 생활을 영위할 수 있다.

 티베트 속담

> 걱정을 해서 걱정이 없어지면 걱정이 없겠네.

걱정을 통해 문제를 해결할 수 있는 유익한 걱정이 아니라 쓸데없는 걱정은 마음만 힘들어질 뿐이다. 걱정은 문제 해결과 더 나은 발전을 위해 필요하지만 지나친 걱정은 흔들의자와 같아서 몸과 마음을 흔들어 놓으면서 마음에서 평화와 행복을 앗아간다. 지나친 걱정은 자신을 불행의 열차에 올려 태우는 격이다. 걱정하면 할수록 불행이란 열차의 속도도 빨라진다.

걱정이 자신을 정복하게 해서는 안 된다. 걱정할 것과 걱정하지 않을 것을 구분해야 한다. 걱정은 해결할 의사가 부족할 때 나타나는 현상이다. 걱정만 한다고 문제가 해결되는 것이 아니다. 걱정만 하고 아무런 노력을 기울이지 않으면 상황은 더욱 힘들어지고 불행해진다. 닥친 일 중에서 해결할 수 있는 일에 집중해서 생각해야 한다.

불안과 자살

쿠르베 〈두려움에 미친 남자〉

　불안은 삶의 조건으로 인생은 불안과 함께하는 여정이다. 미래는 불확실하기 때문에 살면서 한 번도 불안을 느끼지 않는 사람은 없다. 입시, 취직, 퇴직, 노후, 건강, 안전, 인간관계, 경제 위기, 자연재해, 전쟁 등 누구나 이런저런 이유로 크고 작은 불안을 느끼며 살아가기 마련이다.

　불안을 관리하지 못하면 긴장과 갈등, 소외 등 병리현상을 가져와 자살, 약물 중독 등 부정적으로 작용하기도 하지만 스포츠 참여, 신앙생활, 과학 탐구, 취미 생활 등으로 역동적이고 경건한 삶을 영위하면 개인과 사회 발전의 원동력이 된다.

링컨의 긍정적 사고

• 링컨이 수많은 시련을 딛고 미국 대통령이 될 수 있었던 것은 무엇 때문일까?

> 에이브러햄 링컨은 무수한 시련과 실패를 거듭했다. 가난한 집에서 태어나 정상적인 학교 교육도 제대로 받지 못하고 시골에서 구멍가게를 열었지만 파산하였다. 연이어 사업에 실패했고, 주 의회 의원에 낙선했다. 또다시 사업에 실패했고, 약혼녀가 사망했고 그 후 결혼을 했지만, 악처를 만나 가정생활이 원만하지 못했으며, 신경쇠약으로 병원에 입원했다. 그 후 연이어 하원의원 선거에 두 차례 낙선했으며, 또다시 상원의원 선거에 두 차례 낙선했다.
>
> 그는 이렇게 시련과 실패를 겪을 때마다 절망과 두려움이 엄습했지만 굴하지 않고 극복하면서 미국 16대 대통령에 당선되어 전 세계적으로 존경받는 역사적인 인물이 되었다. 그는 대통령에 당선된 후 예전에 수차례에 걸친 낙선했을 때의 마음가짐과 행동을 회상했다.
>
> "나는 울지 않기 위해 웃는다. 내가 만약 웃지 않았다면 나에게 닥쳐온 수많은 고통과 아픔 때문에 나는 벌써 죽었을 것이며 나에게 있는 소망은 사라졌을 것이다. 나는 낙선을 확인하고 음식점으로 가서 배가 부르도록 많이 먹었다. 그런 다음 이발소로 가서 머리를 곱게 다듬었다. 나는 그때 속으로 외쳤다. 이제 나는 또다시 시작한다. 에이브러햄 링컨! 다시 힘을 내자. 승자는 구름 위의 태양을 보고 패자는 구름 속의 비를 본다. 나는 인생 막바지에 미국의 16대 대통령이 되었다."

시련을 '보다 나은 미래와 나를 훈련하기 위한 기회'라는 긍정적 사고가 오히려 값진 보물로 다가와 다시 일어서게 한다. 긍정적 사고는 모든 일을 황금빛으로 물들이는 태양과 같다.

부정적 사고는 삶의 에너지를 빨아들이는 흡혈귀와 같아서 마

음을 딱딱하게 하여 상황에 부딪히면 고통과 갈등을 겪는다. 구름을 보면서도 구름 주변의 환한 기운을 외면하지 말라.

좌절의 순간은 누구에게나 갑자기 찾아올 수 있다. 그러나 그 순간을 대하는 사고는 사람마다 다르다. 부정적인 사고는 부정적인 결과를 가져오지만 긍정적인 사고는 긍정적인 결과를 낳는다.

절망적인 상황에 빠졌을 때 희망이 있다는 긍정적인 생각과 희망이 없다는 부정적인 생각 사이에는 엄청난 차이가 있다. 안된다고 생각하는 사람의 머릿속에는 안될 가능성, 그럴 수밖에 없는 이유만 들어찬다. 환경이 바뀌기를 기다리지 말고 긍정적 사고로 환경을 바꾸어야 한다.

감사

자살을 마음먹거나 시도하는 것은 삶에 대해 감사함이 없기 때문이다. 자신의 존재 그 자체와 현재 자산이 가진 것에 대해 감사함이 없기 때문이다. 마음의 평화를 얻으려면 감사한 마음을 가져야 한다.

소소한 일상에도 감사할 줄 알아야 한다. 맛있는 식사를 하는 것, 하루를 무사히 마친 것, 지저귀는 새소리를 들을 수 있는 것, 아름다운 꽃 한 송이를 볼 수 있는 것, 싱그러운 아침 햇살과 맑은 공기를 접할 수 있는 것, 그리고 새로운 하루를 살아갈 건강한 몸이야말로 감사해야 할 놀라운 선물이다.

평소에 가진 소중한 것에 대해 감사할 줄 알아야 하지만 안타깝게도 소중한 것을 잃고 나서야 그 소중함을 깨닫게 되는 경우가 너무나 많다. 자신이 가진 것에 감사할 줄 알아야 한다. 감사와 불행을 동시에 느낄 수는 없다. 감사한 마음을 갖고 행복감을 표현하는 것이 우울함에서 벗어날 수 있는 훌륭한 기술이다.

희망

다비드 프리드리히 〈떠오르는 태양 앞의 여인〉

자살을 사도하는 것은 어떤 상황 때문이든 절망에 빠져 희망이 없다고 생각하기 때문이다. 어떤 상황에서도 희망을 발견해야 올바른 정신 상태를 유지할 수 있다. 희망이란 절망 속에서 피어나는 꽃이다.

 검은 구슬 흰 구슬

• 스승이 베토벤에게 나무상자에서 구슬을 꺼내게 하여 느끼게 하려는 것은 무엇일까?

베토벤은 연인과 결별하고 청각 장애가 오면서 절망에 빠졌다. 그는 존경하는 스승을 찾아가 자신이 힘든 상황을 말하고 조언을 부탁했다. 스승은 한참동안 생각에 잠기더니 서랍에서 나무 상자를 꺼내어 들고 말했다. "여기서 유리구슬 하나를 꺼내보게."

베토벤이 꺼낸 구슬은 검은색이었다. 스승은 다시 상자에서 구슬을 하나 더 꺼내보라고 했다. 이번에도 베토벤이 꺼낸 구슬은 검은 구슬이었다. 그러자 스승이 말했다.

베토벤(Ludwig van Beethoven, 1770~1827)
독일의 서양 고전 음악 작곡가. 주요 작품으로 〈교향곡 3번〉〈교향곡 5번〉〈교향곡 6번〉〈교향곡 9번〉피아노곡 〈엘리제를 위하여〉〈비창 소나타〉〈월광 소나타〉 등이 있음.

159

"이 상자 안에는 열 개의 구슬이 들었는데 다섯 개는 검은색이고 다섯 개는 흰색이야. 검은 구슬은 절망적인 상황을, 흰 구슬은 희망적인 상황을 의미하지. 어떤 사람은 흰 구슬을 먼저 뽑아서 행복을 빨리 붙잡기도 하지만 어떤 이들은 자네처럼 연속으로 검은 구슬을 뽑기도 한다네. 중요한 것은 아직 여덟 개의 구슬이 남아 있고, 그 속에 분명 희망을 나타내는 흰 구슬이 있다는 거야."

내일 일은 모르지만, 희망을 품고 사는 사람과 절망을 품고 사는 사람의 차이는 삶과 죽음의 차이다. 절망의 순간에 희망이 없는 삶은 바로 죽음과 같은 삶이다. 희망을 외면하는 것은 자살 행위로 희망을 품지 않는 것은 어리석으며 희망을 버리는 것은 죄악이다. 절망적인 상황에서 버틸 수 있게 하는 힘은 바로 희망이므로 삶에서 부딪치는 절망이라는 암벽을 담쟁이가 타고 오르듯이 희망이 절망을 정복해야 한다.

내일은 더 나아질 것이라는 기대보다 약효가 더 강한 자극제는 없듯이 세상에 희망만한 명약은 없다. 지금의 고통이 언젠가는 사라지리라는 희망, 누군가 어둠 속에서 손을 뻗어 주리라는 희망, 내일은 내게 빛과 생명을 주리라는 희망이 있어야 투혼도 빛난다.

희망은 늘 괴로운 언덕길 너머에 기다리고 있다. 희망이 없다고 생각하면 보이지 않고 있다고 믿으면 보이면서 마침내 그 희망을 닮아간다. 희망이 이루어질 것을 믿고 노력해야 한다.

평정심

다비드 프리드리히 〈안개바다 위의 방랑자〉

자살의 가장 큰 원인은 마음의 감기라고 부르는 우울증이다. 여기에서 벗어나기 위해 수시로 변화하는 여러 상황과 여건에서 평정심을 갖는 것은 매우 중요하다.

평정이란 마음이 맑고 생생한 움직임이 들어차 있으며, 들뜨지 않고 태도에 여유가 있는 상태이다. 깊은 바다는 파도가 없으며 고요하고 잔잔하다. 마음의 평정도 마찬가지로 고요함을 유지하는 것이다.

평정은 마음이 평화로운 상태로서 자신에게 줄 수 있는 선물이며 다른 사람이 대신할 수 없다. 마음의 평화는 삶에서 부딪히는

여러 문제들로부터 내면이 평화로운 상태이다. 평정은 어떤 상황에 부닥쳐 있건 자신의 삶을 사랑하는 것에서 시작된다. 상황이나 조건에 따라 마음이 흔들리고 출렁이는 것이 아니라 차분하게 가라앉아 있어야 하며, 자기 성찰과 수련으로 마음의 평정을 유지할 수 있다.

용서

나에게 상처를 준 사람이 있거나 내가 잘못을 저질러 죄의식을 가지면 이것이 우울증을 불러와 자살에 이르기도 한다. 이의 해결 방법은 용서하는 일이다. 상대방을 용서하고 나를 용서해야 한다. 때로는 용서하는 자신을 용서하지 못하는 경우도 있으므로 무엇보다 자신을 용서하는 자세가 중요하다.

누구나 삶을 영위하면서 크거나 작은 잘못으로 용서할 일도 생기고, 용서받을 일도 생긴다. 인생은 용서해야 할 일도 용서받을 일도 너무나 많다. 잘못을 저질러 누군가에게 상처와 피해를 주었을 때는 용서를 구하는 용기를 가져야 한다. 큰 잘못은 큰 용서를 구해 참회하고 작은 잘못은 작은 용서를 구해 참회해야 한다.

다른 사람이 준 상처는 가시나 아픈 못과 같아서 목에 걸려 숨이 막히게 하거나, 가슴에 박혀 주저앉게 만든다. 남이 박아놓은 가시나 못을 내가 스스로 뽑아내는 것이 용서이다. 용서는 나에게 상처를 준 사람에 대한 복수심과 분노를 끊어버리고 자신을 해방시키는 행위이다.

망각

자살을 마음먹게 하는 것은 과거에 일어난 상황에 대해 '그 때 이렇게 했더라면' 하고 후회와 자책에서 비롯되는 것이 대부분이

다. 그러므로 과거에 일어난 잘못된 상황을 떨쳐버리는 것이 급선
무이다.

 깨진 명품 도자기

- 명품 도자기가 깨져버리고 난 후의 노인의 자세에 대해 어떻게 생
  각하는가?

> 　노인이 명품 도자기를 들고 길을 가다가 돌부리에 걸려 넘
> 어져 도자기가 깨져버리고 말았다. 행인들이 안타까운 눈빛으
> 로 노인을 바라보고 있는데, 노인은 훌훌 털고 일어나 깨진 도
> 자기 조각들을 치운 다음에 담담한 표정으로 길을 걸어갔다.
> 　그때 이 모습을 본 한 행인이 노인에게 다가가 물었다. "제
> 가 보기에 비싼 도자기인 것 같은데 그것을 깨뜨리고 아무렇
> 지도 않게 가십니까?"
> 　그러자 노인이 대답했다. "산산이 조각난 도자기를 보고 후회한들
> 아무 소용이 없으니 이제는 앞을 잘 보고 조심하며 걸어가는 것이오."

　이미 지나갔거나 끝난 일을 거론해 보아도 아무 소용없다. 과거
의 어느 것도 바꿀 수는 없다. 잊어야 할 것은 잊어야 한다. 지난
일은 지난 일일뿐이라고 훌훌 털어버리고 새로운 마음으로 살아
가야 한다.

　망각은 인간 뇌에 주어진 축복이다. 망각은 머릿속에 잊어야
할 것을 잊고 깨끗이 정화하는 것이다. 과거의 실패·실망감·트라
우마를 이겨내고 더 나은 삶으로 나아가기 위해선 망각이 절대
필요하다.

　지혜로운 사람은 지나간 과거를 후회하지 않고, 오지 않은 미
래를 걱정하지도 않는다. 지금 당장 해야 할 일에만 전념한다. 어

리석은 사람은 지나간 과거를 슬퍼하고 후회한다. 오지 않은 미래를 두려워하고 걱정한다.

사색

자살은 마음의 문제에 기인한다. 특히 주어진 여건이 좋음에도 불구하고 인생에 회의를 느끼고 자살을 시도하기도 한다. 그러므로 '나는 누구인가, 어디서 왔나, 어디로 가나, 내가 올바로 살아가고 있나?' 하고 마음의 눈으로, 마음의 가슴으로 자신을 바라보는 사색이 필요하다. 그러면 조급함이 사라지고 삶에 대해 여유로움이 생기게 된다.

아인슈타인

 인생에서의 Z

• 아인슈타인이 설명한 A=X+Y+Z 공식은 무엇일까?

상대성 이론을 증명한 아인슈타인에게 제자가 성공 비결을 물었다. 아인슈타인은 'A=X+Y+Z'라는 간단한 공식 하나를 적어 보여주면서 설명했다. "A가 인생의 성공이라면 X는 일, Y는 놀이, Z는 입을 다물고 있는 것이야. A라는 성공을 도출하기 위해서는 열심히 일하는 X와 인생을 즐기는 Y와 고요히 침묵하면서 내면의 자신과 대화를 나누는 Z라는 사색하는 시간이 필요해."

그러자 제자가 물었다. "선생님, 성공에 왜 사색의 시간이 필요하죠?" 아인슈타인이 미소를 띠며 대답했다. "고요히 자기를 들여다볼 시간을 갖지 않으면 목표가 빗나가기 때문이야."

아인슈타인은 미치도록 창의적인 일에 몰두했고, 그 와중에서도 바이올린 연주를 즐겼다. 또한, 틈틈이 사색하는 시간을 가지면서 자신을 뒤돌아보는 일을 게을리 하지 않았다.

　마음의 운동이 사색이다. 사람들은 운동으로 몸을 단련하고 건강을 지키는 일을 중요하게 생각하지만, 마음에도 운동이 필요하다는 사실을 간과한다. 사색은 참된 인식에 도달하기 위해 꼭 필요한 것으로 사색의 통로를 거쳐야 삶의 지혜를 얻는다. 삶의 질주를 잠시 멈추고 고요히 주의를 기울이며 자신에게 질문하고 자신과 대화하면서 머무는 법을 배워야 한다.

　사색은 잠시 멈춰서 영혼의 우물을 깊이 파는 것이다. 일상과 동떨어진 피안의 세계가 아니라 실생활의 연장선에서 '마음 쓰는 법'의 훈련이며 침묵의 예술이다. 침묵은 고요한 기다림을 요구하는 데 밭을 갈고 씨앗을 뿌린 후에 새싹이 돋아나기를 기다리는 농부의 기다림과 같다. 사색은 변화를 가져다준다. 사색을 통해 사물 전체를 보면서 창의적인 아이디어를 떠올릴 수 있다.

> ☑ **청소년 자살예방에 도움을 주는 기관**
>
> · 24시간 정신건강 상담전화: 1577-0199
> · 생명의 전화: 1588-9191
> · 보건복지 콜센터 희망의 전화: 129,
> · 한국자살예방협회 사이버 상담실(www.counselling.or.kr)
> · 한국청소년 상담원 청소년 전화: 1388

편안한 마음을 유지해야 해

너는 침착한 편이니? 아니면 쉽게 흥분하고 화를 잘 내는 편이니? 피 끓는 청소년인 네가 침착성을 유지하기란 말처럼 쉬운 일이 아니란 걸 잘 알고 있어. 세상을 살면서 흥분하고, 분노하고, 고민하고, 불안해하면서 살아가지 않는 사람이 누가 있겠어? 인간은 일희일비하고, 흥분하기 쉽고, 어려움에 부닥치면 마음이 동요하고, 혼란에 빠지면 평정심을 유지하기가 어렵지. 그러므로 가능한 한 마음의 안정을 위해 노력하면서 살아가는 수밖에 없는 거야.

마음은 수많은 채널이 있는 텔레비전과 같아서 선택하는 채널대로 순간순간의 마음 상태가 되지. 분노를 켜면 분노하는 마음이 되고, 평화와 기쁨을 켜면 평화롭고 기뻐하는 마음이 되는 거지.

원망이나 분노가 치밀어 오를 때, 고민과 불안에 휩싸일 때, 변명이나 주장을 하고 싶을 때, 슬픔이나 놀람으로 마음이 흔들릴 때, 마음의 평화인 평정을 유지하기란 참으로 쉽지 않아. 평정이란 마음이 맑고 생생한 움직임이 들어차 있는 상태야. 상황이나 조건에 따라 마음이 흔들리고 출렁이는 것이 아니라 가라앉아 있는 것이지. 평정을 위해서는 마음의 평온을 유지해야 해.

누구나 살아가면서 "억만금이 생긴다고 해도 마음 편한 것이 최고다"라고 말을 하면서도 무엇인가에 집착하는 마음을 가지고 행동하는 경우가 많아. 마음을 내려놓고 집착하지 말아야 평정을 유지할 수 있는 데도 말이야. 집착하지 않을 때, 삶에 일어나는 일들에 갇히지 않고 편안한 마음으로 내려다볼 수 있어. 집착하지 않는다고 해서 꿈을 실현하기 위해 노력하지 않아도 된다는 말이 아니야. 무엇에 지나치게 얽매이지 말라는 뜻이지. 집착하면 객관성을 잃기 쉬워서 제대로 된 의사결정도 할 수 없고 바람직한 행동도 할 수 없으니 좋은 결과가 나올 리도 없는 거야.

구겨진 종이에 그림을 그릴 수 없듯이 마음이 가라앉기 전에는 섣불리 행동을 취해서는 안 돼. 두려움은 지나치게 수비적인 행동을, 분노와 초조함은 경솔한 행동을, 자만은 도가 지나친 행동을 유발하기 때문이야. 마음이 평온해야 현실적이고 객관적인 감각으로 예리하게 판단하고 침착하게 행동할 수 있어.

평정을 가능한 한 잃지 않고 유지하기 위해서는 훈련이 요구되고 체험이 필요하다고 하더구나. 마음이 평온해졌던 경험이나 행복했던 순간을 떠올려 봐. 현재 마음의 평안을 주는 것은 무엇인지, 삶을 유쾌하게 만드는 것은 무엇인지 생각해 봐. 이와 같은 경험을 떠올리거나 생각이 반복될수록 더욱 깊은 평온함을 체험할 수 있을 거야.

사람에 따라 운동을 하거나 영화를 보거나 게임과 같은 정신적인 집중이 필요하지 않은 일을 즐기거나, 기도나 사색이나 명상을 통해 부정적인 감정을 몰아내고 긍정적인 감정으로 가득 채우거나, 빗소리나 바람 소리를 듣거나 하늘에 흘러가는 구름을 보는 것과 같은 단순한 일에의 집중을 통해 평정을 유지하지.

평정심은 꿈을 이루기 위한 필수 덕목이야. 꿈을 이룬 사람은 일이 잘 돌아갈 때나, 어려울 때에도 일희일비하지 않고 평정심을 유지하지. 인간이 누릴 수 있는 최상의 행복인 마음의 평화를 중심 목표로 삼아 계획을 세우고 실행해 나가야 해.

지은이 _ **윤문원**

인성교육 전문가, 작가. 저서로 ≪인성교육 만세≫ ≪고등학교 인성≫①·②·③
≪중학교 인성≫①·②·③ ≪초등학교 인성 ①②③≫ ≪초등학교 인성 ④⑤⑥≫
≪유아 인성교육 만세≫ ≪쫄지마 중학생≫ ≪길을 묻는 청소년≫ ≪잘나가는 청춘
흔들리는 청춘≫ ≪인생에 그림이 찾아왔다≫ ≪아버지 술잔에는 눈물이 절반이다≫
≪엄마가 미안해≫ ≪영화 속 논술≫ ≪49편의 말 많은 영화 읽기≫ ≪논술 심층
면접 골격 답안≫ 등 50여 권이 있으며, 다수의 도서가 권위 있는 기관의 추천
도서로 선정되었고, 외국에도 수출되어 번역 출간되었다.
저서의 여러 글이 중·고등학교 검정 교과서(고등학교 문학, 중학교 국어, 중학교
도덕, 중학교 기술 가정)와 교사용 지도서 15곳에 게재되어 있다.
교육부 중앙교육연수원, 교육청, 방송통신대학교 프라임칼리지, 대학교, 중·고교,
기업·단체 등에서 인성 강의를 하였으며, EBS TV '교육 대토론회'와 '학교폭력
예방' 프로그램에 패널로 출연하였다.

중학교
인성 ❷

초판 1쇄 인쇄 | 2019년 3월 1일
초판 1쇄 발행 | 2019년 3월 5일

지은이 | 윤문원
펴낸이 | 심윤희
감수 및 교정·교열 | 김형준
디자인 | 최은숙
삽화 | 신혁

펴낸곳 | 씽크파워
출판등록 | 2005년 10월 21일 제397-2018-10호
주소 | 서울특별시 성북구 보국문로18길 19-7, 402호
전화 | 02-817-8046
팩스 | 02-817-8047
이메일 | mwyoon21@hanmail.net

ISBN 979-11-85161-23-5 (53190)